TÍTULO: QUERIDA JANE: HISTORIAS DE JUVENTUD I
© JANE AUSTEN
@ TRADUCCIÓN: TERESA HERNÁNDEZ
© DISEÑO DE CUBIERTA: PALABRAS DE AGUA
EDITORA: EDITORIAL PALABRAS DE AGUA
CORRECCIÓN Y MAQUETACIÓN: PALABRAS DE AGUA

PRIMERA EDICIÓN: DICIEMBRE 2025

© EDITORIAL PALABRAS DE AGUA 2025
PALABRASDEAGUAEDITORIAL@GMAIL.COM
WWW.PALABRASDEAGUAEDITORIAL.COM

ISBN: 979-13-88169-11-3
DEPÓSITO LEGAL: M-28071-2025

IMPRESIÓN: ESPAÑA

QUERIDA JANE

HISTORIAS DE JUVENTUD I

JANE AUSTEN

PALABRAS
DE AGUA
EDITORIAL

FREDERIC Y ELFRIDA

Novela

A LA SEÑORITA LLOYD

Mi querida Martha:
Como breve testimonio de la gratitud que siento por su reciente generosidad hacia mí, acabando mi capa de muselina, pido permiso para ofrecerle esta pequeña producción de su sincera amiga,

La autora

Capítulo 1

Elfrida y Frederic eran primos hermanos por parte de padre. Para más inri, habían nacido el mismo día y crecido juntos en la misma escuela. No era de extrañar que sintieran algo más que simple afecto. Se amaban de verdad, pero estaban firmemente decididos a no saltarse el decoro ni confesando sus sentimientos ni con actos comprometedores.

Eran guapísimos y tan parecidos que resultaba difícil distinguirlos. Solo sus amigos más íntimos podían diferenciarlos por detalles como la forma de la cara, el color de ojos o la nariz.

Elfrida le escribió una nota a su mejor amiga, Charlotte Drummond, que estaba de visita:

> Para Charlotte Drummond
> Querida Charlotte:
> Te agradecería que, mientras estés con la señora Williamson, me compres un sombrero nuevo, a la moda, que te siente bien.
>
> E. Falknor

Charlotte, cuya misión en la vida era complacer a la gente, le trajo el gorro. Misión cumplida.

Al regresar a Crankhumdunberry (un pueblo cuyo padre era el párroco), Charlotte fue recibida con abrazos por Frederic y Elfrida. El trío salió a pasear por una alameda que daba a un prado, regado por un arroyo que, según la leyenda, venía del Valle de Tempé por un túnel.

Llevaban apenas un rato allí cuando una melodiosa voz interrumpió la paz:

CANCIÓN
Creí que Damon me quería,
lo pensé, lo sentí.
Pero veo que no es verdad.
¡Qué tonta he sido!

Al instante, vieron a dos chicas elegantes apoyadas la una en el brazo de la otra. Las desconocidas, al verlos, cambiaron de rumbo y desaparecieron.

Capítulo 2

Elfrida y sus acompañantes se quedaron sorprendidas. No eran las conocidas locales. Recordaron que una nueva familia se había mudado cerca. Decidieron ir inmediatamente a conocer a las jóvenes.

Esa misma tarde fueron a presentarse a la señora Fitzroy y a sus dos hijas. En el salón, quedaron impresionados por la belleza exterior de Jezalinda, la mayor. Pero al poco rato, el ingenio y el encanto de la conversación de Rebecca les cautivaron.

De repente, los tres se levantaron de golpe y exclamaron al unísono:

«¡Adorable Rebecca! A pesar de tu amenazante bizquera, tus trenzas grasientas y esa joroba (¡que son más aterradoras de lo que nadie podría describir!), no puedo evitar expresar mi éxtasis por tu mente. ¡Tus cualidades intelectuales compensan de sobra el horror que tu físico debe inspirar a cualquier incauto! Su noble opinión sobre la muselina india frente a la inglesa y su buen juicio me han causado una admiración tan vasta que solo puedo asegurarle que es casi tan grande como la que siento por mí mismo».

Tras hacer una reverencia profunda a la amable, pero desconcertada, Rebecca, huyeron a casa.

A partir de ese momento, la amistad entre los Fitzroy, Drummond y Falknor se volvió tan íntima que no dudaban en echarse a patadas a la calle a la menor discusión.

Durante esta «feliz armonía», Jezalinda se fugó con el cochero. Y la querida Rebecca fue pedida en matrimonio por el Capitán Roger de Buckinghamshire.

La señora Fitzroy puso pegas. El motivo: la «tierna edad» de la pareja. Rebecca solo tenía 36 años y el Capitán Roger más de 63. Para solucionar el problema, acordaron esperar a ser mucho más mayores.

Capítulo 3

Mientras tanto, los padres de Frederic propusieron su matrimonio con Elfrida. El plan fue aceptado, se compraron los vestidos de novia y solo faltaba fijar la fecha.

Charlotte, requerida nuevamente por su tía, se despidió de Rebecca, a quien encontró intentando, en vano, ocultar sus «defectos» con cremas, polvos y maquillaje.

—He venido a despedirme, Rebecca, voy a pasar quince días con mi tía. Créeme, es tan necesario como la tarea que te ocupa —dijo Charlotte.

—La verdad, mi amor, me ha parecido que mi piel no encajaba con el resto de mi cara, así que he usado pintura. ¡Pero solo esta vez, porque odio el artificio! —le respondió Rebecca.

Charlotte, siempre complaciente, le dio el cumplido que anhelaba y se despidieron como las mejores amigas del mundo.

Charlotte subió a la diligencia, triste por la separación, sin sospechar el extraño viaje que le esperaba. Al llegar a Londres, el cochero, de una estupidez asombrosa, declaró que no sabía adónde ir. Charlotte, con su deseo inquebrantable de agradar, le dijo con buen humor:

—A Portland Place.

Apenas se sentaron ella y su tía en el sofá, abrazadas cariñosamente en una sola silla, la puerta se abrió. Un caballero cetrino, de edad avanzada y con un abrigo rosa viejo, se tiró a los pies de Charlotte, declarándole su amor y suplicando su piedad. Charlotte, incapaz de hacer infeliz a nadie, aceptó ser su esposa. El caballero se fue en silencio.

El silencio sin embargo duró poco. La puerta se abrió de nuevo. Un joven apuesto, con un abrigo azul nuevo, entró y le rogó permiso para cortejarla. Charlotte sintió una afinidad innegable con el segundo. Fiel a su naturaleza de hacer feliz a todo el mundo, prometió casarse con él a la mañana siguiente. Se despidió, y las dos damas se dispusieron a cenar una liebre, perdices y pichones.

Capítulo 4 & 5

Charlotte no recordó sus dos compromisos hasta una semana después. La reflexión sobre su insensatez la llevó a cometer una locura aún mayor: se tiró a un profundo arroyo que casualmente pasaba por los «agradables bosquecillos» de Portland Place.

Flotó hasta Crankhumdunberry, donde fue rescatada y enterrada. Frederic, Elfrida y Rebecca compusieron para ella este epitafio:

Aquí yace nuestra amiga,
que a dos casarse prometió.
Su dulce cuerpo y faz querida,
al arroyo en Portland Place se echó.

Tras este triste funeral, Frederic, Elfrida, el Capitán Roger y Rebecca se reunieron ante la señora Fitzroy.

—Señora —le dijeron al unísono—. Usted objetó la boda de Rebecca y Roger por la tierna edad. Ese pretexto caducó hace siete días, con la adorable Charlotte. Acceda a su unión, y este frasco de perfume será suyo. Pero si se niega en tres días, le clavaremos este puñal en el corazón. Decida su destino.

Ante tal «gentil persuasión», la señora Fitzroy accedió.

—Queridos amigos, sus argumentos son justos y elocuentes. Rebecca, en tres días te casarás con el Capitán.

El discurso fue recibido con alegría. El Capitán Roger le pidió a Rebecca que cantara. Ella accedió, no sin antes asegurar que tenía un resfriado terrible:

Corydon fue a la feria,
y le compró a Bess una cinta.
Ella se la puso en el pelo,
¡y qué orgullosa la hacía sentir!

Tres días después, Roger y Rebecca se casaron y se fueron en carruaje a Buckinghamshire.

Los padres de Elfrida, temiendo que cualquier esfuerzo afectara la sensibilidad de su hija, decidieron no presionar para que se casara con Frederic. Pasaron semanas, los vestidos de novia se quedaron obsoletos y, finalmente, el Capitán Roger y su esposa volvieron de visita, presentando a la señora Fitzroy a... ¡su hermosa hija de dieciocho años!

JACK Y ALICE

Novela

Dedicada con todo respeto al señor Francis William Austen[1], Guardia Marina a bordo del Barco Real Perseverance, por su fiel y humilde servidora,

La autora

Capítulo 1

Hace mucho tiempo, el señor Johnson, que tenía unos 53 años, cumplió 54. ¡Estaba tan contento que decidió celebrar su próximo cumpleaños con una fiesta de disfraces para sus hijos y amigos! Por eso, el día de su cumpleaños número cincuenta y tantos, envió invitaciones a todos sus vecinos. La verdad es que no conocía a mucha gente por allí; sus invitados se limitaban a Lady Williams, el señor y la señora Jones, Charles Adams y las tres señoritas Simpson. Ellos eran el vecindario de Tramposería y, a la vez, los que formaban el grupo de la fiesta de disfraces.

Antes de contarte lo que pasó esa noche, te voy a describir a las personas que conocía.

El señor y la señora Jones eran bastante altos y muy pasionales, aunque, por otro lado, tenían buen carácter y eran bien educados. Charles Adams era un joven simpático, culto y encantador. Era tan increíblemente guapo que solo un águila podría mirarle fijamente a los ojos.

La señorita Simpson era una persona agradable, tanto por su forma de ser como por su carácter, y su único «defecto» era una ambición sin límites. Su hermana, Sukey, era envidiosa, resentida y maliciosa. Su cuerpo era pequeño, gordo y poco agraciado. Cecilia (la más joven) era muy guapa, pero demasiado afectada para ser realmente agradable.

Lady Williams reunía todas las virtudes. Era una viuda con una buena herencia y se notaba que había sido muy guapa. Aunque era bondadosa y directa, también era generosa y sincera. A pesar de ser piadosa y buena, era religiosa y amable. Y aunque elegante y agradable, era refinada y divertida.

Los Johnson eran una familia llena de amor, y aunque les gustaba un poco el alcohol y los juegos de azar, también tenían muchas cualidades geniales.

Así era el grupo que se reunió en el elegante salón de la Casa Johnson. Entre las mujeres disfrazadas, la figura más destacada era la de una encantadora Sultana. En el grupo de los hombres, la máscara que representaba al Sol era la más admirada de todas. Los rayos que salían de sus ojos eran como los del sol, pero infinitamente mejores. Eran tan intensos que nadie se atrevía a acercarse a menos de media milla de ellos. De esta forma, su dueño tenía la mejor parte del salón para él, ya que este no medía más de tres cuartos de milla de largo por media de ancho. Al final, los caballeros encontraron que la intensidad de sus rayos era muy molesta para el resto de los invitados, ya que los obligaba a apiñarse en un rincón de la habitación con los ojos medio cerrados. Fue así como descubrieron que se trataba de Charles Adams, vestido con su capa verde de todos los días y sin máscara alguna.

Una vez que la sorpresa se calmó un poco, su atención se desvió hacia dos Dominós que avanzaban muy apasionados. Ambos eran bastante altos y parecían tener muchas cualidades estupendas.

—Estos son el señor y la señora Jones —dijo el ingenioso Charles.

Y, efectivamente, lo eran. ¡Nadie podía imaginarse quién sería la Sultana! Hasta que, por fin, al dirigirse a una hermosa Flora que estaba reclinada en un sofá en una pose estudiada, con un «¡Oh, Cecilia, ojalá fuera de verdad lo que pretendo ser!», la perspicacia de Charles Adams descubrió que se trataba de la elegante pero ambiciosa Caroline Simpson. Y con toda razón, imaginó que la persona a la que se dirigía era su encantadora, pero afectada hermana Cecilia.

Después, la gente se acercó a una mesa de juegos donde tres Dominós (cada uno con una botella en la mano) estaban muy concentrados en lo suyo. Pero una mujer que representaba la Virtud huyó rápidamente de aquella escena. Mientras tanto, una mujer pequeña y gorda que representaba la Envidia se deleitaba mirando, alternativamente, las frentes de los tres jugadores. Charles siguió tan brillante como siempre y pronto descubrió que el grupo que jugaba eran los tres Johnson, que la Envidia era Sukey Simpson, y que la Virtud era Lady Williams.

Entonces, los asistentes se quitaron las máscaras y fueron a otra sala para disfrutar de una diversión elegante y bien organizada. Después de que los tres Johnson le hubieran dado bien a la botella, todo el grupo, incluso la Virtud, fue llevado de vuelta a casa, ¡borracho como una cuba!

Capítulo 2

La fiesta de disfraces dio de qué hablar en Tramposería por lo menos durante tres meses. Pero nadie fue tan comentado como Charles Adams. Su look único, el brillo de sus ojos, lo inteligente que era y, en general, su forma de ser, habían conquistado a muchísimas chicas. De las seis que estaban en la fiesta, solo cinco no se habían enamorado de él. La sexta, pobre Alice Johnson, no pudo resistirse a sus encantos y cayó rendida.

Quizás te parezca raro que un hombre con tantas cualidades solo haya enamorado a una de ellas. Pero hay que recordar que los corazones de las señoritas Simpson estaban protegidos por la ambición, la envidia y la vanidad. Caroline solo quería un marido con título; a Sukey, tanta perfección solo le provocaba envidia, no amor; y Cecilia estaba demasiado centrada en sí misma como para fijarse en alguien más. En cuanto a Lady Williams y la señora Jones, la primera era demasiado sensata para enamorarse de alguien mucho más joven que ella, y la segunda, aunque alta y apasionada, estaba demasiado feliz con su marido como para pensar en esas cosas.

Sin embargo, y a pesar de todos los esfuerzos de la señorita Johnson por conseguir que él le hiciera caso, el corazón frío e indiferente de Charles Adams, impasible ante cualquier ser vivo, seguía libre. Era educado con todos, pero no mostraba favoritismo con nadie. Así, Charles Adams seguía siendo encantador y encantado, pero insensible.

Una noche, Alice, un poco pasada de copas (algo que no era tan raro), decidió buscar consuelo para su cabeza revuelta y su corazón roto en una charla con la inteligente Lady Williams.

Encontró a Lady Williams en casa, como era habitual en ella. No le gustaba mucho salir y, como el gran Sir Charles Grandison, se negaba a decir que no estaba en casa si sí lo estaba. Consideraba que ese método, muy de moda en ese momento para evitar visitas molestas, era casi una bigamia.

A pesar de haber bebido vino, la pobre Alice estaba extrañamente animada. No podía pensar en otra cosa que no fuera Charles Adams, no podía hablar de otra cosa que no fuera él. Y enseguida empezó a soltarlo todo tan abiertamente que Lady Williams no tardó en darse cuenta del amor no correspondido que la chica sentía. Esto le dio tanta pena y compasión que le dijo:

—Veo demasiado claro, mi querida señorita Johnson, que su corazón no ha podido resistir los fascinantes encantos de este joven, y la compadezco sinceramente. ¿Es su primer amor?

—Así es.

—Me da aún más pena escuchar eso. Yo misma soy un triste ejemplo de las desgracias de la vida, sobre todo en lo que respecta a un primer amor, y estoy decidida a evitar una desgracia similar en el futuro. Espero que no sea demasiado tarde para que usted haga lo mismo. Si es así, esfuércese, mi querida niña, para protegerse de un peligro tan grande. Un segundo amor rara vez tiene consecuencias serias; contra eso, por lo tanto, no tengo nada que decir. Protéjase de un primer amor y no tendrá nada que temer de un segundo.

—Señora, mencionó que usted misma sufrió la desgracia de la que tan amablemente quiere librarme. ¿Me haría el favor de contarme su vida y sus aventuras?

—Será un placer, querida.

Capítulo 3

—Mi padre era un señor con bastante dinero en Berkshire, y yo, junto con mis hermanos, éramos sus únicos hijos. Tenía solo seis años cuando, tristemente, perdí a mi madre. Como era pequeña y delicada, mi padre, en lugar de enviarme al colegio, contrató a una institutriz muy hábil para que me educara en casa. Mis hermanos fueron a colegios apropiados para su edad, y mis hermanas, todas más pequeñas que yo, se quedaron al cuidado de su niñera.

»La señorita Dickinson era una institutriz excelente, que me enseñó a ser una persona buena. Gracias a ella, cada día era más amable. Y quizás habría llegado a la perfección si no me hubieran arrebatado a mi valiosa profesora. Yo tenía diecisiete años. Nunca olvidaré sus últimas palabras: Mi querida Kitty —me dijo—, buenas noches. No la volví a ver —continuó Lady Williams, secándose las lágrimas. Esa misma noche se fugó con el mayordomo.

»Al año siguiente, me invitaron a pasar el invierno en la ciudad, en casa de una parienta lejana de mi padre. La señora Watkins era una señora distinguida, con buena familia y dinero. En general, la consideraban una mujer bonita, aunque, por mi parte, nunca la vi muy hermosa. Tenía una frente muy ancha, los ojos demasiado pequeños y demasiado color en las mejillas.

—¡Pero ¿cómo es posible?! —interrumpió la señorita Johnson, poniéndose roja de rabia—. ¿Cree usted que alguien puede tener demasiado color en las mejillas?

—Claro que sí, y le diré por qué, mi querida Alicia. Cuando una persona tiene un nivel demasiado alto de rojo en la cara, su aspecto es, a mi parecer, demasiado rojo.

—Pero, señora mía, ¿puede una cara tener un aspecto demasiado rojo?

—Sin duda, mi querida señorita Johnson, y le diré por qué. Cuando una cara tiene un aspecto demasiado rojo, no tiene las mismas ventajas que cuando es más pálida.

—Le ruego que continúe con su historia.

—Pues bien, como le decía antes, esta señora me invitó a pasar varias semanas con ella en la ciudad. Muchos caballeros la consideraban hermosa, pero, en mi opinión, su frente era demasiado ancha, sus ojos demasiado pequeños y tenía demasiado color en las mejillas.

—En ese punto, señora, y como dije antes, debe de estar equivocada. La señora Watkins no podía tener demasiado color en las mejillas, ya que nadie puede tener demasiado color en las mejillas.

—Discúlpeme, querida, si no estoy de acuerdo con usted en ese punto. Permítame que me explique con claridad. Mi opinión sobre el asunto es la siguiente: cuando una mujer tiene una gran proporción de color rojo en las mejillas, es que tiene mucho color.

—Pero, señora, yo niego que sea posible para alguien tener demasiada proporción de color rojo en las mejillas.

—¿Y qué pasa, querida, si lo tienen?

A esas alturas, la señorita Johnson había perdido toda la paciencia, algo que se acentuaba quizás por el hecho de que Lady Williams seguía inflexiblemente fría. Sin embargo, hay que recordar que Lady Williams, al menos en un aspecto, tenía una gran ventaja sobre Alice: no estaba borracha. Porque cuando Alice se calentaba con el vino y se dejaba llevar por la pasión, tenía muy poco control sobre su temperamento.

La discusión terminó siendo tan acalorada por parte de Alice que «de las palabras casi pasó a las manos». Afortunadamente, el señor Johnson entró en la habitación y con cierta dificultad consiguió separarla de Lady Williams, de la señora Watkins y de sus sonrosadas mejillas.

Capítulo 4

Quizás te imagines que, después de lo que pasó, la relación entre los Johnson y Lady Williams se había roto para siempre. Pero ¡para nada! Lady Williams era demasiado inteligente como para enfadarse por un comportamiento que veía como una consecuencia natural de la borrachera. Y Alice sentía tanto respeto por Lady Williams y le gustaba tanto su vino de Oporto que estaba dispuesta a hacer todas las paces que hicieran falta.

Unos días después de su reconciliación, Lady Williams llamó a la señorita Johnson para proponerle un paseo por un bosque de limoneros que iba desde su casa hasta los abrevaderos de caballos de Charles Adams. Alice sabía lo amable que era Lady Williams al sugerirle ese paseo y estaba tan emocionada con la idea de ver, al final del camino, uno de los abrevaderos de Charles, que aceptó la invitación visiblemente contenta. No habían caminado mucho cuando la emoción de Alice se vio interrumpida por estas palabras de Lady Williams:

—Hasta ahora me he guardado de seguir con la historia de mi vida, mi querida Alicia, porque no quería recordarte una escena que (ya que parece provocarte más rechazo que credibilidad) pensé que era mejor olvidar que recordar.

Alice ya había empezado a ponerse roja y a hablar, cuando Lady Williams, dándose cuenta de su incomodidad, continuó:

—Me temo, mi querida niña, que acabo de ofenderte con mis palabras. Te aseguro que no es mi intención molestarte con el recuerdo de algo que ya no se puede arreglar. Al contrario de lo que mucha gente piensa, no creo que se te pueda culpar demasiado, porque cuando una persona está bajo los efectos del alcohol, nunca se sabe lo que puede hacer.

—Señora, esto es demasiado. Insisto en que...

—Mi querida niña, no te angusties más por el asunto, te aseguro que he olvidado por completo cualquier cosa relacionada con ello. No me enfadé en ese momento, porque en todo momento me di cuenta de que estabas borracha como una cuba, y sabía que no podías evitar decir las cosas raras que decías. Pero veo que te molesto, así que cambiaré de tema y desearé que no vuelva a mencionarse. Recuerda que está todo olvidado. Y ahora continuaré con mi historia, pero debo insistir en que no te haré una descripción de la señora Watkins. Eso solo reviviría viejas historias y, como al fin y al cabo nunca la conociste, te dará igual que su frente fuera demasiado ancha, sus ojos fuesen demasiado pequeños o que tuviese demasiado color en las mejillas.

—¡Otra vez! Lady Williams, esto es demasiado.

Tan irritada estaba la pobre Alice con el recordatorio de la vieja historia, que no sé qué habría pasado si no hubiese sido porque otro asunto atrajo la atención de ambas. Una joven encantadora, que yacía bajo un limonero, aparentemente con mucho dolor, era un asunto demasiado interesante como para no llamar su atención. Olvidando su disputa, ambas se acercaron a ella con compasiva ternura y le hablaron así:

—Bella Ninfa, parece que te acosa alguna desgracia que, si nos informaras sobre su naturaleza, nos gustaría poder aliviar. ¿Nos harías el favor de contarnos la historia de tu vida y tus aventuras?

—Con mucho gusto, señoras, si son tan amables de sentarse.

Ambas se sentaron y ella empezó a hablar de esta manera.

Capítulo 5

—Vengo del Norte de Gales, donde mi padre es uno de los sastres más importantes. Como tenía una familia muy grande, no fue difícil convencer a una hermana de mi madre, una viuda con buena posición que tiene una taberna en un pueblo cercano al nuestro, para que se hiciera cargo de mí y pagara mi educación. Así que he vivido con ella los últimos ocho años, durante los cuales contrató a los mejores profesores para mí. Ellos me enseñaron todo lo que una persona de mi sexo y mi clase debe saber. Gracias a ellos, aprendí baile, solfeo, dibujo y varios idiomas, ¡lo que me convirtió en la hija de sastre mejor educada de Gales! Nunca hubo criatura más feliz que yo, hasta que hace medio año... Pero quizás debería haberles dicho antes que la propiedad más importante de nuestra zona pertenece a Charles Adams, el dueño de esa casa de ladrillo que ven.

—¡Charles Adams! —exclamó Alice, asombrada—. ¿Usted conoce a Charles Adams?

—Sí, señora, para mi desgracia. Vino hace medio año a cobrar los alquileres de la propiedad que acabo de mencionar. Fue entonces cuando lo vi por primera vez. Como usted parece conocerlo, señora, no necesito describirle lo maravilloso que es. No pude resistir sus encantos...

—¡Ah! ¿Quién podría? —dijo Alice con un profundo suspiro.

—Como mi tía era muy amiga de la cocinera de Charles, decidí, a petición mía, intentar averiguar, a través de ella, si había alguna posibilidad de que él correspondiera a mi afecto. Para eso, mi tía fue una tarde a tomar el té con la señora Susan, quien, durante la conversación, mencionó lo buena que era su situación laboral y lo bueno que era su amo. Después de eso, mi tía empezó a sacarle información con tanta habilidad que, en poco tiempo, Susan nos dijo que no creía que su amo se casaría nunca, porque, según dijo, le había dicho muchas, muchas veces, que su esposa, quienquiera que fuese, debía poseer juventud, belleza, alta cuna, ingenio, méritos y dinero. Al parecer Susan intentó razonar con él muchas veces, sobre esta decisión y convencerle de lo improbable que era que encontrase a una dama así, pero sus argumentos no tuvieron el menor efecto y seguía tan firme en su decisión como siempre.

—Pueden imaginarse, señoras, mi desconsuelo al escuchar esto; pues, a pesar de tener juventud, belleza, ingenio y méritos, y a pesar de ser la probable heredera de la casa de mi tía y de su negocio, él podría considerarme deficiente en cuanto a mi origen social y, por lo tanto, no merecedora de su mano —le explicó Susan—. No obstante, decidí dar un paso muy atrevido y le escribí una carta muy amable, ofreciéndole con gran ternura mi mano y mi corazón. Como respuesta, recibí una negativa furiosa y despectiva. Creyendo que quizás se trataba más de su modestia que de otra cosa, volví a insistir; pero él nunca más contestó a mis cartas y poco después abandonó el condado. Tan pronto como supe de su partida, le escribí aquí, informándole de que en poco tiempo tendría el honor de esperarle en Tramposería, sin recibir respuesta alguna. Elegí entonces tomar su silencio como señal de consentimiento.

Dejé Gales, sin decírselo a mi tía, y llegué aquí esta mañana después de un viaje agotador. Al preguntar dónde estaba su casa, me indicaron que cruzara este bosque, y la casa es aquella que ustedes pueden ver. Con el corazón rebosante por la esperada felicidad de verlo, entré en la casa y seguí avanzando por su interior, cuando de repente sentí que me agarraban por una pierna y, al examinar la causa, me encontré con que había caído en una de esas trampas de acero tan comunes en las propiedades de los caballeros.

—¡Ah! —exclamó Lady Williams—. ¡Cuánta suerte hemos tenido de encontrarla, porque de otra forma quizás hubiéramos compartido con usted la misma suerte!

—Sí, señoras, verdaderamente es una suerte para ustedes que yo les haya precedido. Grité, como pueden imaginar fácilmente, hasta que los bosques resonaron con mis gritos y hasta que uno de los criados de ese despreciable vino en mi ayuda y me liberó de la terrible prisión, pero no antes de que una de mis piernas se rompiera por completo.

Capítulo 6

Después de escuchar esa historia tan triste, Lady Williams tenía los ojos llenos de lágrimas y Alice no pudo evitar exclamar:

—¡Ay, qué cruel es Charles, que rompe los corazones y las piernas de todas las que lo quieren!

Lady Williams la interrumpió y le dijo que la pierna de la joven debía ser atendida sin perder un segundo. Revisó la fractura y se puso manos a la obra enseguida, haciendo la operación con una habilidad increíble, ¡algo asombroso teniendo en cuenta que nunca antes había hecho algo así! Entonces Lucy se levantó del suelo y, al darse cuenta de que podía caminar con mucha facilidad, las acompañó hasta la casa de Lady Williams, que se lo pidió especialmente.

La figura perfecta, el rostro hermoso y los modales elegantes de Lucy conquistaron tanto a Alice que, cuando se despidieron (que no fue hasta después de la cena), le aseguró que después de su padre, hermano, tíos, tías, primos y otros parientes, Lady Williams, Charles Adams y media docena de amigos especiales, la quería casi más que a cualquier otra persona en el mundo.

Una afirmación tan halagadora habría puesto muy contenta a Lucy, si no hubiera sido porque se había dado cuenta de que la amable Alice se había tomado a gusto el vino de Oporto de Lady Williams.

Esta señora (que era muy perspicaz) leyó en el rostro inteligente de Lucy lo que pensaba del asunto, y tan pronto como la señorita Johnson se fue, le dijo:

—Cuando conozcas un poco mejor a mi Alice, no te sorprenderá, Lucy, ver que la pobre chica bebe un poco más de la cuenta; porque estas cosas pasan todos los días. Esta muchacha tiene muchas cualidades raras y encantadoras, pero la sobriedad no es una de ellas. De hecho, toda la familia es un triste ejemplo de bebedores. Lamento decir que nunca conocí a tres más viciosos en el juego que ellos, Alice en particular. Pero es una chica encantadora. Me imagino que su temperamento no es el más dulce del mundo —¡la verdad es que la he visto con cada arrebato!—, pero es una joven encantadora. Estoy segura de que te gustará. Me cuesta pensar en alguien más amable. ¡Si la hubieras visto la otra noche! ¡Qué manera de decir tonterías! ¡Y por una cosa tan insignificante! Realmente es una chica encantadora y siempre la querré.

—Según su descripción, parece tener muy buenas cualidades —replicó Lucy.

—¡Oh, miles! —contestó Lady Williams—. Aunque es posible que sea demasiado parcial y el cariño que siento por ella me ciegue a la hora de ver sus verdaderos defectos.

Capítulo 7

A la mañana siguiente, las tres señoritas Simpson fueron a casa de Lady Williams. Ella las recibió muy amablemente y les presentó a Lucy. La hermana mayor de las Simpson quedó tan encantada con Lucy que, al despedirse, dijo que su único deseo en la vida era que las acompañara a Bath al día siguiente, donde planeaban pasar varias semanas.

—Lucy —dijo Lady Williams—, eres libre de hacer lo que quieras y espero que no dudes en aceptar una invitación tan amable por mi culpa. La verdad, no sé cómo voy a separarme de ella. Nunca ha estado en Bath y creo que disfrutaría muchísimo de ese viaje. Habla, querida —continuó, dirigiéndose a Lucy—, ¿qué te parece acompañar a estas señoritas? Me sentiré fatal sin tu compañía... aunque, claro, sería muy bueno para ti y de verdad espero que vayas. Si decides ir, para mí será como la muerte... pero, por favor, que eso no te detenga.

Lucy les pidió permiso para rechazar el honor de acompañarlas, dando muchas gracias por la extrema generosidad de la señorita Simpson al invitarla.

La señorita Simpson se sintió muy decepcionada por la negativa. Lady Williams insistió en que debía ir, dijo que nunca la perdonaría si no lo hacía y que no sobreviviría al hecho de que se fuera. En resumen, usó argumentos tan convincentes que, finalmente, se decidió que debía ir. Las señoritas Simpson la recogieron a las diez de la mañana del día siguiente, y Lady Williams pronto tuvo la satisfacción de recibir de su joven amiga la buena noticia de que había llegado a Bath sana y salva.

Quizás sea buen momento para volver al héroe de esta historia, el hermano de Alice, de quien creo que apenas he hablado. Esto se debe probablemente a su triste afición al alcohol; algo que le impedía por completo usar las capacidades con las que la naturaleza le había dotado y que explica que nunca hiciera nada digno de mención. Su muerte ocurrió poco después de que Lucy se marchara y fue la consecuencia natural de esta práctica dañina. Con su fallecimiento, su hermana se convirtió en la única heredera de una enorme fortuna, algo que, al darle nuevas esperanzas de parecer una esposa aceptable para Charles Adams, no podía dejar de agradarle muchísimo. Así que, como el resultado era motivo de alegría, la causa apenas podía lamentarse.

Consciente de que la intensidad de su afecto aumentaba día a día, decidió finalmente confiar en su padre y expresarle su deseo de que le propusiera a Charles una unión entre ambos. Su padre le dio su consentimiento y una mañana partió para exponerle el caso al joven. Siendo el señor Johnson un hombre de pocas palabras, no tardó mucho en decir lo que tenía que decir. La respuesta que recibió fue la siguiente:

—Señor, quizás espere de mí que me muestre contento y agradecido por la oferta que me acaba de hacer, pero permítame decirle que la considero una ofensa. Señor mío, sepa usted que me considero lo que se dice una belleza perfecta... me pregunto dónde podría usted encontrar una figura más hermosa o una cara más encantadora que las mías. Por otra parte, creo que mis modales y mi trato son de la más exquisita finura: hay en ellos una elegancia y una peculiar delicadeza que no he encontrado en ninguna otra persona y que me resulta imposible describir. Modestia aparte, mis talentos para todas las lenguas, todas las ciencias, todas las artes y para todo, son superiores a los de cualquier otra persona en Europa. Mi temperamento es equilibrado, mis virtudes innumerables: no tengo igual. Siendo esta mi condición, caballero, ¿puede decirme qué significa eso de que desea verme casado con su hija? Permítame que le haga un rápido esbozo de usted y de ella. Le considero a usted, caballero, algo así como un muy buen hombre, en general; sin duda es usted un borrachín, pero eso no me importa. En cuanto a su hija, no es ni lo suficientemente bella, ni lo suficientemente amable, ni lo suficientemente inteligente, ni lo suficientemente rica para mí. De mi esposa no espero sino lo que mi esposa encontrará en mí: perfección. Estos son, señor mío, mis sentimientos, de los cuales me honro. Solo tengo una amiga, y me enorgullezco de tener solo una. En estos momentos se encuentra preparándome la cena, pero si desea usted verla, la llamaré. Ella podrá informarle de que estos han sido siempre mis sentimientos.

El señor Johnson quedó satisfecho con la explicación y, expresando su agradecimiento al señor Adams por el retrato que había hecho de él y de su hija, se marchó.

Al escuchar de su padre el triste relato del poco éxito que había tenido la visita, la desdichada Alice apenas pudo soportar su frustración y corrió a agarrarse a su botella, con lo que la frustración quedó en poco tiempo olvidada.

Capítulo 8

Mientras todo esto pasaba en Tramposería, Lucy estaba en Bath conquistando corazones a diestro y siniestro. Quince días allí habían hecho que casi se olvidara del tal Charles. El recuerdo del sufrimiento que le causó en el corazón con sus encantos, y en la pierna con la trampa de caza, le permitía olvidarlo con relativa facilidad. Y estaba decidida a conseguirlo: por eso, dedicaba cinco minutos cada día a borrarlo de su memoria.

Su segunda carta a Lady Williams traía una noticia muy buena: ¡había logrado su objetivo! También mencionaba una propuesta de matrimonio que había recibido del Duque de... un hombre mayor, con una fortuna impresionante, cuya mala salud era la razón principal de su viaje a Bath.

«La verdad —seguía la carta— no sé si quiero aceptar o no esta propuesta, y eso me agobia. Veo las miles de ventajas que tendría casarme con el Duque. Dejando a un lado otras menos importantes relacionadas con el estatus y el dinero, este matrimonio me daría un hogar, que es lo que más deseo. Su amable deseo, señora, de que me quede siempre a su lado es noble y generoso, pero no puedo convertirme en una

carga tan pesada para alguien a quien estimo y valoro tanto. Que uno solo debería recibir favores de la gente que desprecia es una idea que me inculcó mi respetable tía de niña, y que, en mi opinión, no puedo seguir al pie de la letra. Según tengo entendido, la excelente mujer de la que hablo está ahora demasiado enfadada por mi imprudente huida de Gales como para recibirme de nuevo. Deseo fervientemente dejar a las señoritas con las que estoy ahora. Dejando de lado su ambición, la señorita Simpson es realmente muy amable, pero su segunda hermana, la envidiosa y malvada Sukey, es demasiado desagradable para convivir con ella. Tengo razones para creer que la admiración que he despertado entre la gente importante de este lugar ha provocado su odio y su envidia, porque a menudo me ha amenazado, ¡e incluso ha intentado cortarme la garganta! Comprenderá, señora, que tengo motivos para querer irme de Bath y tener un hogar que me acoja. Esperaré impaciente su consejo sobre el Duque. Su muy agradecida, etc., etc.

LUCY»

Lady Williams le envió su opinión sobre el asunto de la siguiente manera:

«Mi queridísima Lucy, ¿por qué dudas un momento con lo del Duque? He investigado un poco sobre él y he descubierto que es un hombre inculto y sin principios. ¡Mi Lucy jamás se unirá a un hombre así! Esta persona tiene una fortuna enorme que no para de crecer cada día. ¡Con qué nobleza la gastarías tú! ¡Qué buena imagen daría a todo el mundo! ¡Cuánto

te respetarían por ser su esposa! Pero no entiendo, mi queridísima Lucy, ¿por qué no tomas una decisión inmediatamente y vuelves conmigo, para no separarte nunca más de mi lado? Aunque admiro tus nobles sentimientos respecto a los favores, te ruego que estos no te impidan hacerme feliz. Sin duda, esto me acarreará grandes gastos, tenerte siempre a mi lado... gastos que no podré soportar, pero ¿qué es eso comparado con la felicidad que me dará tu compañía? Sé que me arruinará, por lo cual no creo que aceptes superar estos argumentos o que rechaces volver al lado de tu más ferviente, etc., etc.

C. WILLIAMS»

Capítulo 9

El efecto del consejo de Lady Williams en Lucy es algo que nunca sabremos, porque la carta llegó a Bath solo unas horas después de que Lucy hubiera fallecido. Fue víctima de la envidia y la malicia de Sukey, quien, celosa de los encantos superiores de Lucy, usó veneno para arrancarla de este mundo, ¡a la tierna edad de diecisiete años!

Así murió la amable y encantadora Lucy. Su vida no estuvo marcada por ningún crimen ni manchada por falta alguna, salvo su imprudente huida de la casa de sus tías. Su muerte fue sinceramente lamentada por todos los que la conocieron. Entre sus amigos más afligidos estaban Lady Williams, la señorita Johnson y el Duque. Los dos primeros sentían un gran cariño por ella, especialmente Alice, quien había pasado una tarde entera en su compañía y nunca más había vuelto a pensar en ella desde entonces. La aflicción del Duque también se entiende, ya que perdió a alguien por quien, en los últimos diez días, había sentido un afecto tierno y un interés sincero. El Duque lloró su pérdida con una constancia inquebrantable durante quince días, al cabo de los cuales satisfizo la ambición de Caroline Simpson elevándola al rango de Duquesa. De esa forma, Caroline vio por fin cumplida su mayor pasión y se sintió plenamente dichosa. Poco después, su hermana, la pérfida

Sukey, también recibió lo que se merecía, y que sus acciones demuestran que fue su deseo eterno. Su brutal asesinato fue descubierto y, a pesar de la intercesión de todos sus amigos, fue rápidamente llevada a la horca. La bella pero afectada Cecilia era demasiado consciente de la superioridad de sus propios encantos como para imaginar que si Caroline había podido comprometerse con un Duque, ella podría aspirar sin problema al afecto de algún Príncipe. Sabiendo que los príncipes de su país natal ya estaban todos comprometidos, dejó Inglaterra y he oído decir que ahora es la Sultana favorita del gran Mogul.

Mientras tanto, los habitantes de Tramposería se quedaron asombrados y perplejos, ya que empezó a circular la noticia del futuro matrimonio de Charles Adams. El nombre de la afortunada seguía siendo un secreto. El señor y la señora Jones pensaron que se trataba de la señorita Johnson, pero ella estaba mejor informada. Todos sus temores se centraban en la cocinera de Charles, cuando, para asombro de todos, ¡Charles se casó públicamente con Lady Williams!

FIN

EDGAR Y EMMA

Cuento

Capítulo 1

—No entiendo —dijo Sir Godfrey a Lady Marlow— por qué seguimos metidos en este cutre alojamiento en un pueblo de provincias tan sucio. ¡Si tenemos tres casas estupendas, en los mejores sitios de Inglaterra y listas para vivir!

—Estoy segura, Sir Godfrey —replicó Lady Marlow—, de que hemos estado aquí tanto tiempo muy a mi pesar. Para mí, el simple hecho de que estemos aquí siempre ha sido un misterio total, ya que ninguna de nuestras casas necesita la menor reparación.

—No, querida —contestó Sir Godfrey—, tú eres la última persona que podría quejarse, porque esto siempre ha sido un halago para ti. Es imposible que no te des cuenta de los grandes problemas que tus hijas y yo hemos tenido que soportar durante los dos años que hemos estado apiñados en este sitio solo para darte el gusto.

—Pero, cariño —replicó Lady Marlow—, ¿cómo puedes decir semejantes mentiras? ¡Sabes perfectamente que fue por ti y por las niñas por lo que dejé una casa comodísima, en un lugar precioso y rodeada de los vecinos más agradables, para vivir dos años embutida en un tercer piso en una ciudad insalubre y llena de humo, que me ha provocado fiebre constante y ¡casi me mata!

Como después de varios tiras y aflojas ninguno de los dos podía saber quién tenía la culpa, decidieron dejar el tema a un lado, muy sensatamente. Después de hacer las maletas y pagar el alquiler, se fueron a la mañana siguiente con sus dos hijas a su casa de Sussex.

Sir Godfrey y Lady Marlow eran, en realidad, personas muy sensatas. Y aunque, como muchas otras personas sensatas, a veces hacían alguna tontería (como en este caso), sus acciones solían estar guiadas por la precaución y la discreción.

Después de un viaje de dos días y medio, llegaron a Marlhurst, sanos y salvos y con buen ánimo. Estaban todos tan contentos de volver a la casa que habían dejado durante dos años, que mandaron tocar las campanas y repartieron nueve peniques entre los campaneros.

Capítulo 2

La noticia de su llegada se regó como pólvora por toda la región y, en pocos días, todas las familias de la zona fueron a visitarlos para felicitarlos.

Entre los últimos en llegar estaban los de Willmot Lodge, una villa preciosa no muy lejos de Marlhurst. El señor Willmot venía de una familia muy antigua y, además de la herencia de su padre, tenía muchas acciones en una mina de plomo y un boleto de lotería. Su esposa era una mujer muy simpática. Tenían tantos hijos que no podemos describirlos uno por uno; baste decir que, en general, eran buenos y no les gustaba meterse en líos. Como la familia era demasiado grande para visitarlos todos a la vez, los padres iban alternando y llevaban a nueve hijos en cada visita.

Cuando el carruaje se detuvo en la puerta de Sir Godfrey, los corazones de las señoritas Marlow empezaron a latir fuerte, ¡qué emoción volver a ver a una familia que tanto querían! Emma, la más joven (que estaba especialmente ansiosa por la llegada, ya que le gustaba el hijo mayor), se quedó en la ventana de su vestidor, esperando nerviosamente ver a Edgard bajarse del coche.

El señor y la señora Willmot aparecieron primero, junto con las tres hijas mayores: Emma empezó a temblar. Luego salieron Robert, Richard, Ralph y Rodolphus: Emma se puso pálida. Sacaron a las niñas más pequeñas del coche: Emma se desplomó sin aliento en el sofá. Un lacayo entró en la habitación para anunciar la llegada del grupo: su corazón estaba demasiado lleno para contener su pena. Necesitaba un confidente, y pensó que en Thomas podría encontrar uno fiel. Porque necesitaba uno y Thomas era el único que tenía a mano. Le abrió su corazón sin guardarse nada y, después de confesarle la pasión que sentía por el joven Willmot, le pidió consejo sobre cómo sobrellevar su tristeza.

Thomas, que de buena gana se habría excusado para no escuchar sus quejas, le rogó que le permitiera no darle ningún consejo sobre el asunto, algo que ella tuvo que aceptar a regañadientes.

Después de despedirlo con muchas súplicas para que guardara el secreto, Emma bajó con el corazón oprimido a la sala, donde encontró a la gente sentada cómodamente alrededor de un fuego crepitante, como era costumbre.

Capítulo 3

Emma estuvo un rato en la sala antes de armarse de valor para preguntarle a la señora Willmot por el resto de su familia. Y cuando lo hizo, habló tan bajito y con tanta duda que nadie se dio cuenta de que estaba hablando. Desanimada por el poco éxito de su primer intento, no hizo ningún otro. Hasta que, cuando la señora Willmot le pidió a una de sus hijas pequeñas que tocara la campana para pedir el coche, Emma cruzó la habitación a toda velocidad, agarró el cordón de la campana y dijo con mucha decisión:

—Señora Willmot, ¡no se irá de esta casa sin decirme cómo está el resto de su familia, sobre todo su hijo mayor!

Todos se quedaron muy sorprendidos por esas palabras tan inesperadas, y más por la forma en que las dijo. Pero la determinación de Emma, que no estaba dispuesta a quedarse otra vez sin respuesta, hizo que la señora Willmot explicara con gran claridad lo siguiente:

—Todos nuestros hijos están perfectamente bien, aunque la mayoría están fuera de casa. Amy está con mi hermana Clayton. Sam en Eton. David con su tío John. Jem y Will están en Winchester. Kitty en Queen's Square. Ned con su abuela. Hetty y Patty están en un convento en Bruselas. Edgard está en la universidad, Peter con la niñera, y el resto (excepto los nueve que están aquí) en casa.

A Emma le costó contener las lágrimas al escuchar que Edgard no estaba. Sin embargo, logró mantener la compostura hasta que los Willmot se fueron. Después de eso, sin encontrar ya freno a su inmensa tristeza, se dejó llevar por la emoción y se retiró a su habitación, donde siguió llorando el resto de su vida.

FIN

HENRY Y ELIZA

Novela

Dedicada humildemente a la Señorita Cooper'
por su obediente y humilde servidora,

La autora

Mientras Sir George y Lady Harcourt vigilaban a sus segadores (la gente que recogía la cosecha), repartiendo sonrisas de aprobación a los que se esforzaban y regañando con una vara a los vagos, encontraron en el suelo, casi escondida entre un montón de heno, a una niña preciosa de apenas tres meses.

Les conmovió lo mona que era su cara y les encantaron sus respuestas, muy de niña pero despiertas, a sus muchas preguntas. Así que decidieron llevársela a casa. Como no tenían hijos, decidieron criarla y educarla pagando ellos todos los gastos.

Como ellos mismos eran buenas personas, su primera y principal misión fue inculcarle el amor por la virtud y el odio por el vicio. ¡Y lo consiguieron! (También es verdad que Eliza tenía un don natural para hacer el bien). Por eso, cuando creció, se convirtió en la alegría de todos los que la conocían.

Adorada por Lady Harcourt y Sir George, y admirada por todo el mundo, su vida transcurrió en un continúo fluir de felicidad hasta que cumplió los dieciocho años. Fue entonces cuando la pillaron robando un cheque de cincuenta libras y sus «benefactores» la echaron a la calle sin miramientos. Una situación así habría acabado con cualquiera que no tuviera una inteligencia tan noble y elevada como la de Eliza. Pero ella, feliz y segura de su propia excelencia, decidió divertirse sentándose bajo un árbol, componiendo y cantando estas líneas:

Aunque la mala suerte me acompañe,
espero no necesitar nunca a nadie.
Con el corazón puro seguiré mi camino,
jamás me desviaré de la senda del bien.

Después de entretenerse varias horas con su canción y sus agradables pensamientos, se levantó y se dirigió a M., un pequeño pueblo. Allí, su mejor amiga regentaba el hostal «El León Rojo».

En cuanto la señora Wilson, que era la persona más amable del mundo, supo lo que Eliza necesitaba, se sentó en el bar y se puso a escribir la siguiente carta a la Duquesa de F., la mujer a la que más estimaba:

Para la Duquesa de F.:
Reciba en su casa, por favor, a una joven excepcional que es tan buena que prefiere su compañía antes que buscar trabajo. Apúrese y acójala,

SARAH WILSON

La Duquesa, cuya amistad con la señora Wilson la habría llevado a cualquier parte, se alegró muchísimo de tener la oportunidad de hacerle un favor a su amiga. Así que, en cuanto recibió la carta, se puso en camino de inmediato y llegó al León Rojo esa misma noche. La Duquesa de F. tenía unos cuarenta y cinco años y medio. Era de carácter fuerte, sus amistades eran sólidas y sus enemigos, implacables. Era viuda y solo tenía una hija que estaba a punto de casarse con un joven bastante adinerado.

En cuanto la Duquesa vio a nuestra heroína, la abrazó, le dijo que estaba encantada con ella y que había decidido que nunca más se separarían. Eliza se puso contenta con esa muestra de amistad y, después de despedirse cariñosamente de su querida señora Wilson, acompañó a su Gracia a su casa en Surry a la mañana siguiente.

La Duquesa presentó a Eliza a Lady Harriet de forma muy afectuosa. Lady Harriet quedó tan encantada con ella que le pidió que la considerara su hermana, algo que Eliza prometió hacer con la mayor de las condescendencias.

Como el señor Cecil, el prometido de Lady Harriet, solía estar mucho con la familia, también pasaba bastante tiempo con Eliza, y entre ellos surgió un amor mutuo. Después de que

Cecil le confesara que estaba totalmente enamorado de ella, convenció a Eliza para que aceptaran casarse en secreto, algo que fue muy fácil, ya que el capellán de la Duquesa también estaba muy pillado por Eliza y sabían que haría cualquier cosa para complacerla.

Una noche en que la Duquesa y Lady Harriet tenían un compromiso social, aprovecharon su ausencia para que el capellán enamorado celebrara su unión.

La sorpresa de las damas fue mayúscula cuando, al regresar a casa, en lugar de Eliza, se encontraron con la siguiente nota:

Señora: Nos hemos casado y nos hemos ido.

HENRY Y ELIZA CECIL

Una vez que la Duquesa leyó la carta, que lo explicaba todo muy bien, explotó en un ataque de furia increíble. Después de pasarse media hora llamándolos con los insultos más disparatados que su rabia le dictó, envió tras ellos a 300 hombres armados, con órdenes de no volver a menos que trajeran sus cuerpos, muertos o vivos. Su intención era que, si los traían con vida, los torturaría hasta la muerte después de algunos años de encierro.

Mientras tanto, Cecil y Eliza seguían con su huida al Continente, un lugar que les parecía más seguro que su propia tierra, debido a la terrible venganza de la Duquesa, a la que tenían buenas razones para temer.

Estuvieron en Francia tres años, y durante ese tiempo tuvieron dos hijos. Al final de ese período, Eliza se encontró viuda y sin nada para mantenerse ni a sus hijos ni a ella misma. Desde su matrimonio, habían vivido con una renta de 18.000 libras al año. Ahora, como los bienes del señor Cecil valían menos de la veinteava parte de eso y habían vivido al límite de sus ingresos, no habían podido ahorrar más que una auténtica miseria.

Inmediatamente después de la muerte de su esposo, y consciente de lo precario de su situación, Eliza partió hacia

Inglaterra en un barco de guerra de 55 cañones que habían mandado construir en tiempos más prósperos. Pero apenas desembarcó en Dover, con un niño en cada mano, cuando fue arrestada por los oficiales de la Duquesa y llevada a una pequeña y confortable cárcel llamada Newgate, propiedad de la Duquesa, que la había mandado construir para sus prisioneros privados.

Nada más entrar en su celda, lo primero que se le ocurrió a Eliza fue pensar en cómo salir de allí.

Se dirigió a la puerta, pero estaba cerrada. Miró hacia la ventana, pero estaba cubierta con barras de hierro. Viendo frustradas ambas opciones, sintió cómo la desesperanza de poder escapar se apoderaba de ella. Por fortuna, descubrió en la esquina de la celda una pequeña sierra y una escalera de cuerda. Con la sierra, se puso a trabajar de inmediato y en pocas semanas había cortado todas las barras, excepto una, a la cual ató la escalera.

Surgió entonces una dificultad que durante algún tiempo no supo cómo resolver. Sus hijos eran demasiado pequeños para bajar por la escalera solos, y tampoco podía llevarlos en brazos mientras bajaba. Finalmente, decidió arrojar todos sus vestidos, que tenía en gran cantidad, y, después de tirar una buena cantidad para que no se hirieran, arrojó a sus hijos tras ellos. Hecho lo cual, bajó la escalera con facilidad, teniendo el placer de encontrar a sus niños, al final de esta, en perfecto estado de salud y profundamente dormidos.

Entonces se encontró en la lamentable necesidad de vender su ropa, tanto para la supervivencia de sus hijos como para la suya propia. Con lágrimas en los ojos, se despidió de estas últimas reliquias de su antigua gloria, y con el dinero que obtuvo, compró cosas más útiles, algunos juguetes para sus hijos y un reloj de oro para ella.

Pero apenas había terminado de comprar lo mencionado, empezó a sentir bastante hambre, y tuvo razones para creer, por los mordiscos que recibió en dos de sus dedos, que sus hijos estaban en una situación muy parecida.

Para remediar esta inevitable desgracia, decidió volver con sus antiguos amigos, Sir George y Lady Harcourt, cuya generosidad había experimentado tan a menudo y con la esperanza de experimentarla otra vez con la misma frecuencia.

Eliza tenía que viajar unas 40 millas para llegar a la hospitalaria mansión. Después de haber caminado 30 sin parar, se encontró a la entrada de un pueblo al que, en tiempos más felices, había acompañado a Sir George y Lady Harcourt a tomar una comida fría en una de sus posadas.

Los recuerdos de sus aventuras desde la última vez que había participado en una de esas felices comidas ocuparon su pensamiento durante algún tiempo, mientras permanecía sentada a la puerta de la casa de un caballero. Tan pronto como estas reflexiones terminaron, se levantó y decidió apostarse frente a la misma posada que tan bien recordaba, y de cuya clientela, al entrar y salir, esperaba recibir alguna limosna.

Eliza apenas acababa de colocarse frente a la posada cuando un carruaje salió por la puerta. Al doblar la esquina donde ella estaba, el coche se detuvo para que el postillón (el que iba montado en uno de los caballos para guiar el carruaje) pudiera admirar el paisaje. Eliza se acercó entonces al coche, dispuesta a pedir algo de caridad, cuando, al fijarse en la dama que iba dentro, exclamó:

—¡Lady Harcourt!

A lo que la dama respondió:

—¡Eliza!

—Sí, señora, la desafortunada Eliza en persona.

Sir George, que también iba en el coche, pero estaba demasiado sorprendido para hablar, iba a pedirle a Eliza una explicación sobre su situación, cuando Lady Harcourt, radiante de alegría, exclamó:

—¡Sir George, Sir George, Eliza no es solo nuestra hija adoptiva, sino también nuestra verdadera hija!

—¡Nuestra verdadera hija! ¿Qué quieres decir, Lady Harcourt? Bien sabes que nunca hemos tenido hijos. Explícate, te lo ruego.

—Debe recordar, Sir George, que cuando se embarcó hacia América, me dejó embarazada.

—Lo recuerdo, lo recuerdo... continúa, querida Polly.

—Cuatro meses después de que se marchara, tuve a esta niña. Pero temiendo su justa indignación por no ser el hijo que deseaba, la llevé junto a un montón de heno y allí la dejé. Pocas semanas después, usted regresó y, afortunadamente para mí, no me hizo ninguna pregunta al respecto. Feliz por dentro por el bienestar de mi niña, pronto olvidé que la había tenido. Tanto fue así que, cuando poco después la encontramos junto al mismo montón de heno donde la había dejado, pensaba lo mismo que usted, que no era mía, y creo que nada me lo habría recordado si no hubiese escuchado ahora su voz por casualidad, que me parece una copia exacta de la de mi propia niña.

—El relato tan convincente y razonable que ha hecho de todo el asunto —dijo Sir George— no deja lugar a dudas de que es nuestra hija, y como tal, la perdono totalmente por el robo que cometió.

A continuación, hubo una reconciliación mutua y Eliza, subiendo al coche con sus dos hijos, regresó al hogar del que había estado ausente durante casi cuatro años.

Tan pronto como volvió a disfrutar de su antiguo poder en Harcourt Hall, reunió un ejército con el que derribó por completo la prisión privada de la Duquesa, Newgate —a pesar de lo cómoda que era la edificación—, y con este acto se ganó las bendiciones de miles de personas y el aplauso de su propio corazón.

FIN

LAS AVENTURAS DE MR. HARLEY.

Un relato breve, pero interesante,

Dedicado con todo el respeto imaginable al Sr. Francis Willm Austen, guardiamarina a bordo del buque de Su Majestad Perseverance, por su obediente servidor,

La autora

El Sr. Harley tenía una vida un tanto complicada. Venía de una familia numerosa, y sus padres tenían planes muy diferentes para él: su padre lo veía en la Iglesia, y su madre, en el mar.

Para complacer a ambos (un desafío casi imposible), convenció a Sir John para que le consiguiera una plaza de capellán a bordo de un buque de guerra. Dicho y hecho: se cortó el pelo y se hizo a la mar.

Medio año después, regresó y tomó una diligencia rumbo a Hogsworth Green, donde residía su amada Emma. Sus compañeros de viaje eran un grupo variopinto: un tipo sin sombrero, otro que llevaba dos, una solterona y una joven recién casada.

Esta última era una chica de unos 17 años, de ojos bonitos y oscuros, y una figura elegante. En resumen, el Sr. Harley no tardó en darse cuenta de que era su Emma. Y lo recordó: se había casado con ella unas semanas antes de zarpar de Inglaterra.

Nota: *El giro final es el toque de humor. El Sr. Harley se había olvidado por completo de que es un hombre casado, solo para recordarlo al lado de su esposa.*

SIR WILLIAM MOUNTAGUE

Una obra inacabada

Humildemente dedicada a Charles John Austen, por su más obediente y humilde servidora,

La autora

Sir William Mountague era hijo de Sir Henry Mountague, quien a su vez era hijo de Sir John Mountague, descendiente de Sir Christopher Mountague, sobrino de Sir Edward Mountague, cuyo antepasado era Sir James Mountague, pariente cercano de Sir Robert Mountague, quien heredó el título y la propiedad de Sir Frederic Mountague.

Sir William tenía unos 17 años cuando murió su padre, quien le dejó una cuantiosa fortuna, una antigua mansión y un parque repleto de ciervos. Sir William no llevaba mucho tiempo en posesión de sus propiedades cuando se enamoró de las tres señoritas Clifton de Kilhoobery Park. Estas jóvenes eran todas igualmente jóvenes, igualmente guapas, igualmente ricas e igualmente amables. Sir William estaba igualmente enamorado de todas ellas y, como no sabía a cuál preferir, abandonó el país y se instaló en una pequeña aldea cerca de Dover.

En este retiro, al que se había retirado con la esperanza de encontrar un refugio contra los tormentos del amor, se enamoró de una joven viuda de buena cuna, que había acudido al mismo pueblo en busca de un cambio de aires tras la muerte de su marido, a quien siempre había amado tiernamente y ahora lamentaba sinceramente.

Lady Percival era joven, culta y encantadora. Sir William la adoraba y ella accedió a convertirse en su esposa. Presionada vehementemente por Sir William para que fijara la fecha en la que él podría llevarla al altar, ella finalmente fijó el lunes siguiente, que era el primero de septiembre. Sir William era un tirador y no podía soportar la idea de perder un día así, ni siquiera por una causa tan importante. Le rogó que retrasara la boda un poco. Lady Percival se enfureció y regresó a Londres a la mañana siguiente.

Sir William lamentaba perderla, pero como sabía que habría sufrido mucho más por la pérdida del 1 de septiembre, su dolor no estaba exento de una mezcla de felicidad, y su aflicción se vio considerablemente aliviada por su alegría.

Después de permanecer en el pueblo unas semanas más, lo abandonó y se fue a la casa de un amigo en Surrey. El señor Brudenell era un hombre sensato y tenía una sobrina preciosa de la que Sir William pronto se enamoró. Pero la señorita Arundel era cruel; ella prefería al señor Stanhope: Sir William disparó al señor Stanhope; la dama ya no tenía motivos para rechazarlo; lo aceptó y se iban a casar el 27 de octubre. Pero el día 25, Sir William recibió la visita de Emma Stanhope, la hermana de la desafortunada víctima de su ira. Ella le suplicó alguna compensación, alguna reparación por el cruel asesinato de su hermano. Sir William le pidió que dijera su precio. Ella fijó 14 libras esterlinas. Sir William le ofreció su persona y su fortuna. Al día siguiente se fueron a Londres y se casaron en privado. Durante quince días, Sir William fue completamente feliz, pero un día, al ver por casualidad a una joven encantadora subiendo a un carruaje en Brook Street, volvió a enamorarse violentamente. Al preguntar por el nombre de esta bella desconocida, descubrió que era la hermana de su vieja amiga Lady Percival, lo que le alegró mucho, ya que esperaba que, gracias a su amistad con su señoría, pudiera tener libre acceso a la señorita Wentworth...

FIN

Señor,

Su generoso patrocinio de la historia inconclusa, que ya me he tomado la libertad de dedicarle, me anima a dedicarle una segunda, tan inconclusa como la primera.

Soy, señor, con todo mi respeto por usted y su noble familia, su más obediente servidora.

& & . . . . La autora.

MEMORIAS DE MR. CLIFFORD

Una historia inconclusa

El señor Clifford vivía en Bath y, como nunca había pisado Londres, decidió un lunes por la mañana que ya era hora de ver la gran metrópolis.

Era un joven tremendamente rico y, para la ocasión, viajó en su carruaje tirado por cuatro caballos. Tenía una colección de vehículos que ya ni se recuerda (solo mencionaré que poseía un carruaje, una calesa, un landó, un *faetón*, un *gig*, un *whisky*, un *buggy*, ¡y hasta una carretilla!). Su establo era igualmente impresionante: tenía seis caballos grises, cuatro bayos, ocho negros y, para rematar, un poni.

A bordo de su carruaje de lujo tirado por sus cuatro caballos bayos, el Sr. Clifford partió hacia Londres alrededor de las cinco de la mañana del lunes 1 de mayo.

Era conocido por viajar con una velocidad impresionante. Por lo tanto, el primer día de viaje consiguió llegar desde Bath hasta Devizes, una distancia de tan solo treinta kilómetros. Como era de esperar, no llegó hasta las once de la noche, lo que fue considerado un esfuerzo titánico.

Una vez en Devizes, decidió darse un lujo para consolarse. Pidió que le hirvieran un huevo entero para él y para todos sus sirvientes.

A la mañana siguiente, continuó su épica travesía. Tras tres días de duro trabajo, llegó a Overton. Allí, la combinación del esfuerzo y el ejercicio «demasiado violento» le provocó una peligrosa fiebre.

Nuestro héroe se quedó cinco meses en esa «célebre» ciudad bajo el cuidado de su no menos «célebre» médico, quien finalmente lo curó de su molesta enfermedad.

Como el Sr. Clifford estaba muy débil, su primera jornada de viaje solo le llevó hasta Dean Gate. Se quedó allí unos días, sintiéndose muy beneficiado por el cambio de aire.

Reanudó la marcha con etapas muy tranquilas: Un día entero para llegar a Clarkengreen; el siguiente día, para alcanzar Worting: el tercer día, para llegar al pie de la colina de Basingstoke y el cuarto día, para llegar a la casa del Sr. Robins...

La Bella Cassandra

Novela en doce capítulos

Dedicada a la señorita Austen*

Señora:
Usted es un Fénix. Tiene un gusto exquisito, sentimientos
nobles y virtudes infinitas. Es hermosa, elegante y majestuosa.
Sus modales son pulcros, su conversación es inteligente y su
apariencia es única.
Si esta historia le entretiene un poco, mi deseo más profundo
estará cumplido.
Su más obediente y humilde servidora,

La autora

Capítulo 1

Cassandra era la única hija de una famosa costurera de Bond Street. Su padre, por cierto, era de buena familia, con parentesco cercano con el mismísimo mayordomo de la Duquesa de...

Capítulo 2

Cuando Cassandra cumplió los 16, ya era una chica guapa, simpática y con ganas de enamorarse (incluso de un sombrero bonito). Justo en ese momento, su madre acababa de terminar un gorro a medida para la Condesa de... Cassandra se lo puso en su linda cabeza y salió de la tienda de su madre, dispuesta a buscar fortuna.

Capítulo 3

La primera persona que se encontró fue el Vizconde de..., un joven tan famoso por sus logros y virtudes como por su elegancia y belleza. Él le hizo una reverencia y ella siguió su camino.

Capítulo 4

Después, se fue directa a una pastelería donde se zampó seis helados, se negó a pagarlos, le dio una paliza al pastelero y salió corriendo.

Capítulo 5

Acto seguido, se subió a un taxi y le pidió que la llevara a Hampstead. Nada más llegar, le ordenó al taxista que diera la vuelta y la trajera de regreso.

Capítulo 6

De vuelta en el mismo sitio de la misma calle donde había empezado, el taxista le pidió su paga.

Capítulo 7

Buscó en sus bolsillos una y otra vez, pero por más que lo intentó, fue en vano. ¡No encontró ni una sola moneda! El hombre se puso exigente. Ella se caló el gorro en la cabeza y echó a correr.

Capítulo 8

Corrió por muchas calles, y no encontró ninguna aventura hasta que, al doblar una esquina de Bloomsbury Square, se topó con María.

Capítulo 9

Cassandra se sobresaltó y María pareció sorprendida; las dos temblaron, se sonrojaron, palidecieron y pasaron de largo sin decirse una palabra.

Capítulo 10

Después, Cassandra fue abordada por su amiga la Viuda, quien, asomando su pequeña cabeza por la estrecha ventana de abajo, le preguntó qué tal le iba. Cassandra le hizo una reverencia y siguió su camino.

Capítulo 11

Unos cuatrocientos metros más allá, ya estaba en la casa de sus padres en Bond Street, de donde había estado ausente casi siete horas.

Capítulo 12

Al entrar, su valiosa madre la estrechó contra su pecho. Cassandra sonrió y se dijo a sí misma, suspirando: «¡Vaya, un día bien aprovechado!».

FIN

AMELIA WEBSTER

Una historia interesante y bien escrita, dedicada con permiso
la señora Austen por su humilde servidora,

La autora

Carta primera

Mi querida Amelia
A la señorita Webster
Te alegrará saber que mi amable hermano ha regre-
sado del extranjero. Llegó el jueves y nunca he visto a
nadie más elegante, salvo a tu sincera amiga
Matilda Hervey

Carta segunda

Querido Beverley
A H. Beverley
Llegué aquí el jueves pasado y mi padre, mi madre y
mis hermanas me dieron una calurosa bienvenida.
Estas últimas son dos chicas estupendas, especialmente
Maud, que creo que te vendría muy bien como esposa.
¿Qué me dices? Tendrá dos mil libras y tantas más
como puedas conseguir. Si no te casas con ella, ofende-
rás mortalmente a George Hervey.

Carta Tercera

Querida Maud
A la señorita Hervey
Créeme, me alegra mucho saber que tu hermano ha
llegado. Tengo mil cosas que contarte, pero el papel
solo me permite añadir que soy tu afectuosa amiga.
Amelia Webster

Carta Cuarta

Querida Sally
A la señorita S. Hervey
He encontrado un viejo roble hueco muy conveniente
para guardar nuestras cartas, pues ya sabes que lleva-
mos mucho tiempo manteniendo una correspondencia
privada. Está a una milla de mi casa y a siete de la
tuya. Quizás imagines que podría haber elegido un
árbol que dividiera la distancia de forma más equita-
tiva; fui consciente de ello en ese momento, pero como
consideré que el paseo te vendría bien en tu delicado y
precario estado de salud, lo preferí a otro más cercano
a tu casa, y soy tu fiel
Benjamin Bar

Carta Quinta

Querida Maud
A la señorita Hervey
Le escribo para informarle de que el lunes pasado no
me detuve en su casa de camino a Bath. Tengo mu-
chas cosas que contarle, pero mi papel me recuerda
que debo terminar. Créame siempre suya, etc.
Amelia Webster.

Carta Sexta

Señora
A la señorita Webster
Sábado
Un humilde admirador se dirige ahora a usted: la vi, hermosa dama, cuando pasó el lunes pasado por delante de nuestra casa, de camino a Bath. La vi a través de un telescopio y quedé tan impresionado por sus encantos que desde entonces no he probado alimento humano.
George Hervey.

Carta Séptima.

A Jack.
Esta mañana, mientras desayunaba, me trajeron el periódico y, en la lista de matrimonios, leí lo siguiente:
«George Hervey Esq. con la señorita Amelia Webster».
«Henry Beverley Esq. con la señorita Hervey».
Y
«Benjamin Bar Esq. con la señorita Sarah Hervey».
Atentamente, Tom.

LA VISITA

Una comedia en dos actos

Al reverendo James Austen.
La siguiente obra, que humildemente recomiendo a su protección y patrocinio, aunque inferior a las célebres comedias tituladas «La escuela de los celos» y «El hombre viajado», espero que proporcione algún entretenimiento a un cura tan respetable como usted, que era el objetivo que se perseguía cuando fue compuesta por primera vez por su humilde servidora,

La autora

Personajes

Sir Arthur Hampton Lord Fitzgerald Stanly.
Willoughby, sobrino de Sir Arthur.
Lady Hampton Srta. Fitzgerald Sophy Hampton Cloe Willoughby.

Las escenas tienen lugar en la casa de Lord Fitzgerald.

ACTO PRIMERO

Escena primera. Un salón. Entran Lord Fitzgerald y Stanly.

STANLY: Primo, a su servicio.

FITZGERALD: Stanly, buenos días. Espero que haya dormido bien esta noche.

STANLY: Muy bien, gracias.

FITZGERALD: Me temo que su cama le ha resultado demasiado corta. La compró mi abuela, que era una mujer muy bajita y se empeñaba en que todas sus camas se ajustaran a su altura, ya que nunca deseaba tener compañía en casa debido a un desafortunado impedimento en el habla, que ella consideraba muy desagradable para sus inquilinos.

STANLY: No pongas más excusas, querido Fitzgerald.

FITZGERALD: No te molestaré con demasiadas cortesías, solo te pido que te sientas tan a gusto como en la casa de tu padre. Recuerda: «Cuanto más libre, más bienvenido».

STANLY: ¡Amable joven!

Si pudiera imitar tus virtudes, ¡qué feliz sería el destino de Stanly!

(Sale Fitzgerald)

(Sale Stanly)

Escena segunda

Stanly y la señorita Fitzgerald, descubiertos.

STANLY: ¿A qué compañía esperas que te acompañe hoy en el almuerzo, prima?

SEÑORITA F: Sir Arthur y Lady Hampton; su hija, su sobrino y su sobrina.

STANLY: La señorita Hampton y su prima son ambas guapas, ¿no es así?

SEÑORITA F: La señorita Willoughby lo es en extremo. La señorita Hampton es una chica estupenda, pero no está a su altura.

STANLY: ¿No está tu hermano enamorado de esta última?

SEÑORITA F: Sé que la admira, pero no creo que sea nada más. De hecho, le he oído decir que es la chica más guapa, agradable y amable del mundo, y que, de entre todas las demás, la elegiría a ella como esposa. Pero estoy segura de que nunca ha ido más allá.

STANLY: Y, sin embargo, mi primo nunca dice nada que no piense.

SRA. F: Nunca. Desde que era un niño, siempre ha sido un estricto defensor de la verdad.

(Salen por separado)

Fin del primer acto

ACTO SEGUNDO

Escena primera
El salón.
Sillas dispuestas en fila. Lord Fitzgerald, la señorita Fitzgerald y Stanly sentados.
Entra un sirviente.

SIRVIENTE: Sir Arthur y Lady Hampton. La señorita Hampton, el señor y la señorita Willoughby.

(Sale el sirviente)
(Entra la compañía)

SEÑORITA F: Espero tener el placer de ver bien a Su Señoría. Sir Arthur, a su servicio. El suyo, señor Willoughby. Querida Sophy, querida Cloe...

(Se saludan alternativamente)

SEÑORITA F: Por favor, tomen asiento.

(Se sientan) ¡Dios mío! Debería haber ocho sillas y solo hay seis. Sin embargo, si su señoría se sienta con Sir Arthur en su regazo y Sophy con mi hermano en el suyo, creo que nos las arreglaremos bastante bien.

LADY H: ¡Oh! Con mucho gusto...

SOPHY: Ruego a Su Señoría que tome asiento.

SOR F: Me avergüenza mucho tener que apretujarnos de esta manera, pero mi abuela (que compró todos los muebles de esta sala), como nunca solía recibir muchas visitas, no consideró necesario comprar más sillas de las necesarias para su propia familia y dos de sus amigos más íntimos.

SOPHY: Le ruego que no se disculpe. Su hermano es muy ligero.

STANLY: ¡Qué querubín es Cloe!

CLOE: ¡Qué serafín es Stanly!

(Entra un sirviente)

SIRVIENTE: La cena está servida.

(Todos se levantan)

SRA. F: Lady Hampton, Srta. Hampton, Srta. Willoughby. Stanly acompaña a Cloe, Lord Fitzgerald, Sophy, Willoughby, Srta. Fitzgerald y Sir Arthur, Lady Hampton.

(Salen)

Escena segunda

El comedor.

La señorita Fitzgerald arriba. Lord Fitzgerald abajo. Los invitados a ambos lados.

Los sirvientes esperando.

CLOE: Le pediré al señor Stanly un poco de ternera frita con cebolla.

STANLY: Oh, señora, es un placer secreto ayudar a una dama tan amable.

LADY H: Le aseguro, milord, que Sir Arthur nunca toca el vino, pero Sophy se tomará una copa para complacer a Su Señoría.

LORD F: ¿Vino añejo o hidromiel, señorita Hampton?

SOPHY: Si le parece bien, señor, prefiero una cerveza caliente con una tostada y nuez moscada.

LORD F: Dos vasos de cerveza caliente con una tostada y nuez moscada.

SOR F: Me temo, señor Willoughby, que no se cuida. Me temo que no encuentra nada de su agrado.

WILLOUGHBY: ¡Oh! Señora, no puedo desear nada más mientras haya arenques rojos en la mesa.

LORD F: Sir Arthur, pruebe esos callos. Creo que no le disgustarán.

LADY H: Sir Arthur nunca come callos; son demasiado sabrosos para él, ya lo sabe, milord.

MISS F: Retiren el hígado y el cuervo y traigan el pudín de sebo.

(Breve pausa)

MISS F. Sir Arthur, ¿le traigo un poco de pudín?

LADY H: Sir Arthur nunca come pudín de sebo, señora. Es un plato demasiado fuerte para él.

MISS F: ¿Nadie me concederá el honor de servirles?

Entonces, John, llévate el pudín y trae el vino.

(Los sirvientes se llevan las cosas y traen las botellas y las copas)

LORD F: Ojalá tuviéramos algún postre que ofrecerles. Pero mi abuela, en vida, destruyó el invernadero para construir un recipiente para los pavos con sus materiales, y nunca hemos podido levantar otro que sea aceptable.

LADY H: Le ruego que no se disculpe, milord.

WILLOUGHBY: Vamos, chicas, pasemos la botella.

SOPHY: Una propuesta muy buena, primo, y la secundaré de todo corazón. Stanly, tú no bebes.

STANLY: Señora, yo bebo tragos de amor de los ojos de Cloe.

SOPHY: Eso es un pobre alimento, la verdad. Vamos, bebamos por conocerla mejor.

(La señorita Fitzgerald va a un armario y saca una botella)

SEÑORITA F: Esto, damas y caballeros, es de la propia elaboración de mi querida abuela. Ella destacaba en la elaboración de vino de grosella. ¿Quiere probarlo, Lady Hampton?

LADY H: ¡Qué refrescante es!

SRA. F: Con el permiso de Su Señoría, creo que Sir Arthur podría probar un poco.

LADY H: Ni por todo el oro del mundo. Sir Arthur nunca bebe nada tan fuerte.

LORD F: Y ahora, mi amable Sophia, accede a casarte conmigo.

(Le toma la mano y la lleva al frente)

STANLY: ¡Oh! Cloe, ojalá pudieras hacerme feliz...

CLOE: Lo haré.

(Avanzan)

SRTA. F: Puesto que tú, Willoughby, eres el único que queda, no puedo rechazar tus sinceras solicitudes... Aquí tienes mi mano.

LADY H: ¡Que seáis todos felices!

FIN

El Misterio

Una comedia inacabada

Personajes
Hombres:
Coronel Elliott
Sir Edward Spangle Viejo Humbug
Joven Humbug
y Corydon.

Mujeres:
Fanny Elliott Sra. Humbug
y Daphne

Acto primero, escena primera. Un jardín.
(Entra Corydon)
CORY: ¡Pero silencio! Me han interrumpido.
(Sale Corydon)
(Entran el viejo Humbug y su hijo, hablando)
VIEJO HUM: Por eso quiero que sigas mi consejo. ¿Estás convencido de que es lo correcto?
JOVEN HUM: Sí, señor, y sin duda haré lo que me ha indicado.
VIEJO HUM: Entonces volvamos a la casa.
(Salen)

Escena 2.ª. Un salón en la casa de Humbug.

La señora Humbug y Fanny se encuentran trabajando.
SRA. HUM: ¿Me entiendes, querida?
FANNY: Perfectamente, señora. Por favor, continúe con su narración.
SRA. HUM: ¡Ay! Ya casi he terminado, pues no tengo nada más que decir sobre el tema.
FANNY: ¡Ah! Aquí está Daphne.

(Entra Daphne)

DAPHNE: Mi querida señora Humbug, ¿cómo está? ¡Oh! Fanny, todo ha terminado.

FANNY: ¿De verdad?

SRA. HUM: Lo siento mucho.

FANNY: Entonces, no sirvió de nada que yo...

DAPHNE: De nada en absoluto.

SRA. HUM: ¿Y qué va a pasar con...?

DAPHNE: ¡Oh! Eso ya está decidido. (susurra a la Sra. Humbug)

FANNY: ¿Y cómo se ha decidido?

DAPHNE: Te lo diré. (susurra a Fanny)

SRA. HUM: ¿Y él va a...?

DAPHNE: Te contaré todo lo que sé al respecto. (Susurra a Mrs Humbug y Fanny)

FANNY: ¡Bien! Ahora que lo sé todo, me iré.

MRS HUM y DAPHNE: Y yo también.

(Salen)

Escena 3.ª

Se levanta el telón y se descubre a Sir Edward Spangle recostado en una elegante postura sobre un sofá, profundamente dormido.

Entra el coronel Elliott.

CORONEL: Veo que mi hija no está aquí... Ahí yace Sir Edward... ¿Le cuento el secreto? ... No, seguro que lo revelará... Pero está dormido y no me oirá......

Así que me arriesgaré.

(Se acerca a Sir Edward, le susurra algo al oído y sale).

Fin del primer acto.

FIN

LAS TRES HERMANAS

Novela

La siguiente Novela inacabada
está dedicada respetuosamente al
Caballero Edward Austen' por su
humilde y obediente servidora,

La autora

PRIMERA CARTA
De la Señorita Stanhope a la Señora...

Para mi queridísima Fanny,
¡No vas a creer lo que acaba de pasar! Soy la persona más feliz del mundo, ¡el señor Watts me acaba de pedir matrimonio! Es la primera vez en mi vida que alguien me lo propone y, sinceramente, ¡no sé qué hacer!
¡Esto es un triunfo total sobre las Dutton! Aunque, para serte sincera, no tengo ninguna intención de aceptar, o al menos eso creo. Pero como no estaba del todo segura, le di una respuesta bastante ambigua y salí corriendo. Y ahora, mi querida Fanny, necesito tu sabio consejo: ¿debo aceptar o no?
Para que puedas juzgar bien la situación y a él, te voy a contar los detalles. Es un hombre bastante mayor, como de 32 años. Y, uhm, es SÚPER feo, tanto que casi no lo soporto. Es bastante desagradable y lo odio más que a nadie en el mundo.
Eso sí, tiene una fortuna enorme y se ha propuesto ponerme muchos bienes a mi nombre en el acuerdo prenupcial. Pero... ¡está sanísimo! En fin, no sé qué hacer.
Si lo rechazo, estoy segurísima de que le pedirá matrimonio a Sophia, y si ella lo rechaza, a Georgiana. Y no podría soportar ver a ninguna de las dos casadas antes que yo. Si lo acepto, sé que seré infeliz el resto de mi vida. Tiene un temperamento horrible, es irritable, extremadamente celoso y tan tacaño, que vivir con él no es vivir.

Me dijo que hablaría del tema con mamá. Yo le rogué que no lo hiciera, porque estoy segura de que ella me obligará a casarme, quiera o no. De todas formas, lo más probable es que ya lo haya hecho, porque es de esas personas que hacen exactamente lo que les pides que no hagan.

Creo que al final será mío. ¡Qué triunfo casarme antes que Sophy, Georgiana y las Dutton! Y me prometió un coche nuevo para la ocasión, pero casi discutimos por el color. Yo insistí en que tenía que ser de lunares azules y plateados, y él dijo que tenía que ser chocolate liso y, para colmo, me dijo que debía ser tan bajo como su viejo coche. ¡Te juro que no me caso con él!

Me dijo que volvería mañana para mi respuesta final, así que tengo que decidirme ya. Sé que las Dutton me envidiarán y que me tocaría ser la chaperona de Sophy y Georgiana en todos los bailes de invierno. Pero, ¿para qué? Lo más probable es que no me deje ir. Él odia bailar y es incapaz de entender que a alguien le pueda gustar algo que él odia. Además, se pasa el día diciendo que las mujeres deberían estar siempre en casa y otras tonterías por el estilo.

En serio, creo que no me casaré con él. Lo rechazaría de inmediato si estuviera segura de que ninguna de mis hermanas lo aceptaría, y de que, si eso pasara, no les haría una propuesta a las Dutton. No puedo arriesgarme. Así que, si me promete el coche como lo pedí, me casaré con él. Si no, ¡que viaje él solito en su coche! Espero que mi decisión te parezca bien. No se me ocurre nada mejor.

Tu amiga de siempre,

MARY STANHOPE

SEGUNDA CARTA
De la Señorita Stanhope a la Señora...

Querida Fanny,
Acababa de cerrar mi última carta para ti cuando mi
madre entró en mi habitación y me dijo que quería
hablarme de un asunto «muy particular».
«¡Ah, ya sé de qué se trata!», le dije. «Ese viejo loco del
señor Watts te lo ha contado todo, ¡aunque le rogué
que no lo hiciera! De todos modos, no podrás obli-
garme a casarme con él si no quiero».
«No pienso obligarte, mi niña», dijo ella. «Solo quiero
saber qué piensas sobre su propuesta e insistir en que
te decidas de una vez, porque si tú no lo aceptas, Sophy
podría hacerlo».
«¡Vaya!», le respondí de inmediato. «Sophy no tiene
que preocuparse por eso porque, por supuesto, ¡pienso
casarme con él!»
«Si esa es tu decisión», dijo mi madre, «¿por qué
temías que te obligara?»
«Pues porque no estoy segura de si quiero casarme con
él o no».
«Eres la niña más extraña del mundo, Mary. Lo que
dices en un momento, lo desdices al siguiente. Dime
de una vez por todas si tienes intenciones o no de
casarte con el señor Watts».
«¡Por Dios, mamá! ¿Cómo podría decirte lo que ni yo
misma sé?»
«Entonces, es mi deseo que lo sepas y enseguida,
porque el señor Watts dice que no piensa quedarse es-
perando».

«Eso depende de mí».

«No, no es así, porque si no le das tu respuesta final mañana, cuando esté tomando el té con nosotros, piensa hablar con Sophy».

«Entonces, le diré a todo el mundo que se ha portado muy mal conmigo».

«¿Y de qué serviría eso? El señor Watts ha sido el blanco de todo el mundo durante demasiado tiempo como para que le importe ahora».

«¡Ojalá tuviera un padre o un hermano! Porque entonces se batirían con él».

«Serían listos si lo consiguieran, porque el señor Watts saldría corriendo antes. Así que, debes decidirte, y vas a decir un sí o un no antes de mañana por la tarde».

«Pero ¿por qué, si lo rechazo, tiene que proponerles matrimonio a mis hermanas?»

«¿Que por qué? ¡Pues porque desea emparentar con la familia, y porque ellas son tan guapas como tú!»

«Pero, mamá, ¿se casará Sophy con él si se lo propone?»

«Muy probablemente. ¿Por qué no habría de hacerlo? En cualquier caso, si ella no lo acepta, Georgiana lo hará, porque estoy decidida a no dejar escapar una oportunidad como esta de ver a una de mis hijas tan bien colocada. Así que piénsalo bien. Te dejo para que decidas el asunto con tu conciencia».

Y dicho esto, se marchó. Lo único en lo que puedo pensar, mi querida Fanny, es en preguntarles a Sophy y a Georgiana si lo aceptarían en caso de que les propusiera matrimonio. Si me dicen que no lo harían, estoy decidida a rechazarlo yo también, porque lo odio más de lo que puedas imaginar. En cuanto a las Dutton, si se casa con una de ellas, todavía tendré la satisfacción de haberlo rechazado antes.

Así que, adiós, mi querida amiga.

Siempre tuya,

M. S.

TERCERA CARTA
De la Señorita Georgiana Stanhope a la Señorita xxx

Miércoles
Mi querida Anne,
Sophy y yo acabamos de montar una pequeña trampa para nuestra hermana mayor. No estamos del todo orgullosas de ello, pero las circunstancias eran tales que, si bien es algo inexcusable, al menos lo hacen comprensible.
Resulta que nuestro vecino, el señor Watts, le ha propuesto matrimonio a Mary. Una propuesta que ella no sabía muy bien cómo tomar. Verás, aunque él le cae fatal (lo cual, por otro lado, es bastante normal), ella se casaría con este tipo con tal de evitar que nos lo propusiera a Sophy o a mí. Él prometió hacerlo si ella lo rechazaba. Tienes que entender que nuestra pobre hermana considera que una de nosotras se case antes que ella es de las mayores desgracias que le podrían pasar. Para evitarlo, aceptaría con gusto el castigo eterno de un matrimonio con el señor Watts.
Hace una hora vino a vernos para saber nuestra opinión sobre el asunto, lo que supuestamente determinaría su decisión. Poco antes, nuestra madre había venido y nos había contado todo, diciéndonos que bajo

ningún concepto permitiría que el señor Watts encontrara esposa fuera de nuestra familia.

«Y por lo tanto», dijo, «si Mary no lo acepta, Sophy debe hacerlo, y si Sophy no lo hiciera, ¡Georgiana lo hará!»

¡Pobre Georgiana! Ninguna de las dos nos atrevimos a objetar la resolución de nuestra madre, que, lamento decir, suele ser más producto de la obstinación que de la razón. Sin embargo, tan pronto como salió de la habitación, rompí el silencio para asegurar a Sophy que, si Mary rechazaba al señor Watts, no esperaba que ella sacrificara su felicidad casándose con él por generosidad hacia mí. Temía que la bondad de su naturaleza y su afecto fraternal la llevaran a hacerlo.

«Soñemos con que Mary no lo rechace», replicó ella. «Pero ¿cómo aceptar que mi hermana se case con un hombre que no puede hacerla feliz?»

«Que él no puede, es cierto, pero su fortuna, su nombre, su casa y su coche sí que pueden», le dije. «Y no dudo ni un momento de que Mary se casará con él. ¿Por qué no lo haría? No tiene más de treinta y dos años, una edad muy apropiada para casarse. Es bastante feo, claro, pero ¿qué es la belleza en un hombre? Solo necesita una figura proporcionada y una cara inteligente, lo cual es más que suficiente».

«Tienes toda la razón, Georgiana, pero la figura del señor Watts es desgraciadamente muy vulgar y su cara es muy sombría. En cuanto a su temperamento, siempre se ha considerado malo, aunque es posible que el mundo entero se equivoque al juzgarlo. Hay una franqueza abierta en su disposición, de esas que favorecen a un hombre. Dicen que es tacaño: llamare-

mos a eso prudencia. Dicen que es receloso: eso le viene de un corazón cálido, algo siempre excusable en la juventud. En resumen, no veo ninguna razón por la cual no pueda convertirse en un marido estupendo, o por la cual Mary no pudiera ser muy feliz a su lado».

Sophy se rió y yo seguí hablando.

«En cualquier caso, lo acepte Mary o no, yo estoy decidida y mi decisión ya ha sido tomada: ¡nunca me casaré con el señor Watts, ni aunque la mendicidad sea la única alternativa! ¡No hay por dónde cogerlo! Es una persona odiosa y no tiene una sola cualidad que lo redima. Sin duda tiene una buena fortuna, ¡pero tampoco es para tanto! Tres mil al año. ¿Qué son tres mil al año? No son más que seis veces la renta de mi madre. Eso no me tentará».

«Pero será una estupenda fortuna para Mary», dijo Sophy riéndose de nuevo.

«¡Para Mary! De verdad que me producirá un enorme placer verla rodeada de tales riquezas».

Y así continué para gran entretenimiento de mi hermana, hasta que Mary entró en la habitación, aparentemente muy agitada. Se sentó. Le hicimos sitio junto al fuego. Parecía no saber cómo empezar. Finalmente dijo, un poco confundida:

«Por favor, Sophy, dime, ¿tienes intención de casarte?»

«¡De casarme! No tengo la menor intención. Pero ¿por qué me lo preguntas? ¿Conoces a alguien que quiera hacerme una proposición?»

«¿Yo? Esto... no. ¿Por qué tendría que conocer a alguien? ¿Es que no puedo hacerte una pregunta normal y corriente?»

«A mí no me parece en absoluto una pregunta normal y corriente, Mary», le dije yo. Mary hizo una pausa y, tras unos momentos de silencio, continuó:

«¿Qué te parecería casarte con el señor Watts, Sophy?»

Le guiñé un ojo a Sophy y contesté por ella.

«¿Quién no se alegraría de casarse con un hombre que tiene tres mil al año?»

«Bien cierto», replicó ella. «Eso es muy cierto. De modo que, si te lo propusiera, Georgiana, te casarías con él. ¿Y tú, Sophy?»

A Sophy no le gustaba la idea de mentir y engañar a su hermana. Lo que sucedió fue que evitó lo primero y salvó la mitad de su conciencia por equivocación.

«Yo actuaría de la misma forma que Georgiana».

«Bien, en ese caso», dijo Mary con un aire de triunfo en su mirada, «debo deciros que he sido yo la que ha recibido una proposición del señor Watts».

Naturalmente, nos mostramos muy sorprendidas.

«¡Por favor, no lo aceptes!», dije yo. «¡A lo mejor, entonces, me lo pide a mí!»

Mi plan funcionó enseguida y ahora Mary está resuelta a seguir adelante con el asunto. Todo con tal de evitar nuestra supuesta felicidad, pues para asegurar la suya, la verdad es que no hubiera movido un dedo. Sin embargo, no consigo perdonármelo y Mary se siente aún más culpable.

Tranquiliza nuestras conciencias, querida Anne, escribiéndonos una carta y diciéndonos que apruebas nuestra conducta. Considera el asunto desde todos sus ángulos. Mary estará encantada de verse convertida en una mujer casada, con autoridad para vigilarnos, lo que sin duda hará, entre otras cosas porque estoy *decidida a contribuir todo lo posible a que sea feliz en ese estado que le he hecho elegir. Lo más probable es que tengan un coche nuevo, lo que para ella será como el paraíso, y si conseguimos convencer al señor Watts de que arregle su faetón, su felicidad será ya ilimitada. Debo decir, sin embargo, que estas cosas no serían ningún consuelo para la aflicción de Sophy o la mía. Por favor, recuerda todo esto y no nos condenes.*

CUARTA CARTA
De la Señorita Georgiana Stanhope a la Señorita xxx

Viernes

Ayer por la tarde, el señor Watts vino a tomar el té con nosotros, ¡previa cita, por supuesto! En cuanto su coche se detuvo en la puerta, Mary corrió a la ventana.

«¿Te puedes creer, Sophy?», me dijo, «¡que el viejo loco quiere que el nuevo coche de caballos sea del mismo color y tamaño que el antiguo! Pero no lo voy a permitir... llegaré hasta donde haga falta. Si no hace que sea tan alto como el de las Dutton, y que se pinte de azul con lunares plateados, ¡no me caso con él! ¡Eso haré! Ahí viene. Sé perfectamente que se comportará como un grosero, que no me dirá ni una sola palabra amable, y mucho menos se comportará como un amante».

Dicho esto, se sentó y el señor Watts entró en la habitación.

«Señoras, mis respetos».

Nosotras le devolvimos el saludo cortésmente y él tomó asiento. «Parece que tenemos buen tiempo, señoras».

Y, luego, volviéndose hacia Mary, añadió:

«Bien, señorita Stanhope, confío en que por fin haya considerado bien el asunto y sea tan amable de decirme si piensa condescender o no a casarse conmigo».

«Me parece, caballero», dijo Mary, «que podría habérmelo preguntado de una forma un poco más amable. No sé cómo voy a casarme con usted si se comporta de una manera tan extravagante».

«¡Mary!», exclamó mi madre.

«Mamá, si empieza de esa manera...»

«Cállate inmediatamente, Mary. No te permito que seas grosera con el señor Watts».

«Por favor, señora, no fuerce a la señorita Stanhope a comportarse con educación. Si no acepta mi mano, puedo ofrecerla en otra parte, pues si es cierto que siento por ella una particular predilección por encima de sus hermanas, me da igual casarme con otra de las tres».

¡Es posible imaginar a alguien más canalla! Sophy se puso roja de rabia y yo me sentí completamente despechada.

«Bien, en ese caso», dijo Mary en tono despreciativo, «y si es que debo hacerlo, me casaré con usted».

«Siempre había pensado, señorita Stanhope, que cuando se hace una oferta de la clase que yo le he hecho a usted, y en condiciones tan ventajosas, no debería existir mayor dificultad en aceptarla».

Mary murmuró algo que acerté a escuchar porque estaba sentada cerca de ella, algo así como: «¿Y de qué sirve un contrato prematrimonial ventajoso si los hombres viven eternamente?». Y después, de forma audible, añadió:

«Acuérdese de la asignación para mi ropero: ¡doscientas al año!»

«Ciento setenta y cinco, señora».

«Doscientas, señor mío», dijo mi madre.

«Y acuérdese de que me prometió un nuevo coche de caballos tan alto como el de las Dutton, y pintado de azul con lunares plateados. Y espero que me compre una nueva silla de montar, un vestido del mejor encaje y un número infinito de joyas valiosísimas. Diamantes como nunca se hayan visto, y perlas, rubíes, esmeraldas y abalorios sin número. Y debe arreglar su faetón, que quiero de color crema y adornado con una corona de flores plateadas. Y tiene que comprar 4 de los mejores caballos bayos del reino y llevarme en el coche todos los días. Y eso no es todo: debe redecorar toda su casa a mi gusto, contratar a dos lacayos más para mi exclusivo servicio, y a dos mujeres para que me atiendan. Tiene que dejarme hacer siempre lo que se me antoje y ser un marido excelente».

Dicho esto, se calló, creo que por falta de aire.

«En mi opinión, lo que mi hija espera de usted, señor Watts, es muy razonable».

«Y también es muy razonable, señora Stanhope, que su hija se vea decepcionada». El señor Watts se disponía a continuar, cuando Mary le interrumpió diciendo:

«Debe construirme un invernadero muy elegante y llenarlo de plantas hasta arriba. Tiene que permitirme pasar todos los inviernos en Bath, todas las primaveras en la ciudad, todos los veranos haciendo algún

viaje, y todos los otoños en un balneario. Y si pasamos en casa el resto del año (Sophy y yo nos reímos), tiene que encargarse de organizar bailes y mascaradas todo el tiempo. Tiene que construir un salón para ese propósito y un teatro donde se pueda representar. La primera obra de teatro que se representará en él será 'Which is the Man', y yo interpretaré a Lady Bell Bloomer».

«Y, señorita Stanhope, ¿puede decirme qué es lo que yo obtendré a cambio de todo eso?», dijo el señor Watts.

«¿Que qué obtendrá? ¡Pues que me tendrá contenta!»

«Sería extraño que no lo estuviese. Sin embargo, señora, sus expectativas son demasiado altas para mí, y ahora debo dirigirme a la señorita Sophy. Quizá las suyas no sean tan elevadas».

«Se equivoca al suponer tal cosa, caballero», dijo Sophy, «porque, aunque mis expectativas no están tanto en la línea de las de mi hermana, son tan elevadas como las de ella, ya que espero que mi esposo tenga buen carácter y sea alegre; que en todas sus acciones piense en mi felicidad, y que me ame con constancia y sinceridad».

El señor Watts se quedó mirándola, perplejo.

«Ciertamente tiene usted ideas muy extrañas, jovencita. Haría bien en descartarlas antes de casarse, porque sin duda estaría obligada a hacerlo después».

Mientras tanto, mi madre regañaba a Mary, que se había dado cuenta de que había ido demasiado lejos, y cuando el señor Watts se volvía hacia mí, imagino que, para hablarme, Mary se dirigió a él con voz mitad humilde, mitad rencorosa.

«Se equivoca, señor Watts, si cree que hablaba en serio cuando dije que esperaba tantas cosas. En cualquier caso, sí debo tener un nuevo coche de caballos».

«Sí, caballero, debe admitir que Mary tiene razón en esperar una cosa así».

«Señora Stanhope, es mi intención y siempre lo ha sido adquirir un nuevo coche de caballos para mi matrimonio, pero tiene que ser del color del que poseo ahora».

«Me parece, señor Watts, que debería tener la delicadeza de consultar el gusto de mi niña en tales asuntos».

El señor Watts no estaba de acuerdo, y durante cierto tiempo insistió en que debía ser de color chocolate, mientras Mary insistía con la misma vehemencia en que debía ser azul con lunares plateados. Finalmente, Sophy propuso que, para complacer al señor Watts podía ser de color marrón oscuro y para complacer a Mary podía ser muy alto y tener ribetes plateados. Este plan terminó por aceptarse, si bien a regañadientes por ambas partes, ya que los dos se habían mostrado decididos a que las cosas se hicieran según el criterio de cada uno.

Pasamos entonces a estudiar otros asuntos, y se decidió que se casarían una vez que se completaran los trámites legales. Mary se mostró decidida a obtener una licencia especial, mientras el señor Watts hablaba de amonestaciones. Finalmente se acordó una licencia común. Mary tendrá todas las joyas de la familia, que me parece que son bastante poca cosa, y el Sr. W. le prometió comprarle una silla de montar; pero, a cambio, ella no debe contar con ir a la ciudad o a cualquier otro lugar público durante los próximos tres años. Mary no tendrá invernadero, ni teatro, ni faetón;

tampoco tendrá el lacayo adicional y deberá conten-
tarse con una doncella. Nos llevó toda la tarde zanjar
todos estos asuntos. El Sr. W. cenó con nosotras y no se
marchó hasta las doce. Tan pronto como se fue, Mary
exclamó:
«¡Gracias a Dios que se ha marchado! ¡Cómo le odio!»
En vano mamá le explicaba lo impropio que resulta
que le disguste tanto la persona que va a ser su esposo.
Ella continuó hablando de su aversión hacia él y de lo
mucho que le gustaría no verle nunca más. ¡Menuda
boda va a ser esta!
Adiós, mi querida Anne.
Tu afectuosa amiga,

GEORGIANA STANHOPE

QUINTA CARTA
De la Señorita Georgiana Stanhope a la Señorita xxx

Sábado
Mary, ansiosa por que todo el mundo se enterara de
su próxima boda (y, según ella, por «ganar» a las
Dutton), nos pidió esta mañana que la acompañára-
mos a caminar hasta Stoneham. Como no teníamos
nada mejor que hacer, aceptamos de inmediato. El
paseo fue tan agradable como puede serlo con Mary,
cuya conversación se limita a insultar al hombre con
el que pronto se casará y a hablar de lo mucho que
deseaba un coche de caballos azul con lunares plateados.
Cuando llegamos a casa de las Dutton, encontramos a
las dos chicas en el vestidor con un joven súper atrac-
tivo al que, por supuesto, nos presentaron. ¡Resultó ser

el hijo de Sir Henry Brudenell de Leicestershire! El señor Brudenell es el hombre más guapo que he visto en mi vida, y a las tres nos encantó.

Una vez nos sentamos, Mary, que desde el momento en que entramos en el vestidor estaba inflada como un pavo real por su gran noticia y el deseo de soltarla, no pudo guardar silencio por más tiempo. Se dirigió enseguida a Kitty, diciendo:

«¿No crees que habrá que poner nuevos engarces a todas las joyas?»

«¿Para qué?»

«¿Para qué? ¡Pues para mi primera aparición en público!»

«Perdona, pero no te entiendo muy bien. ¿De qué joyas hablas y cuándo vas a hacer tu primera aparición en público?»

«Pues en el primer baile que se organice después de mi boda».

Puedes imaginar la sorpresa de ambas. Al principio no lo creyeron, pero al confirmar nosotras la historia, terminaron por creernos.

«¿Y con quién te casas?», fue, naturalmente, la primera pregunta.

Mary adoptó un tono de falsa timidez y contestó, presa de confusión y mirando al suelo:

«Con el señor Watts».

Esto también requirió nuestra confirmación, porque nadie con la belleza y la fortuna (aunque pequeña, nada despreciable) de Mary se casaría con el señor Watts por voluntad propia; apenas era creíble. Una vez que el asunto quedó claro y viéndose convertida en el centro de atención, Mary dejó a un lado su con-

fusión y, abandonando sus reservas, se mostró de lo más comunicativa.

«Me extraña que no hayáis oído hablar de ello antes, porque cuando se trata de asuntos de esta naturaleza, las noticias se propagan rápidamente por el vecindario».

«Te aseguro», dijo Jemima, «que no tenía la menor idea del asunto. ¿Y hace mucho tiempo que se sabe?»

«¡Oh, sí! Desde el miércoles».

Todos sonrieron, especialmente el señor Brudenell.

«Debo decir que el señor Watts está enamoradísimo de mí, así que está muy contento».

«No solo él, supongo», dijo Kitty.

«Bueno, cuando existe tanto amor en una de las partes, no hace falta que se produzca lo mismo en la otra. Por otra parte, tampoco me disgusta tanto, aunque debo decir que desde luego es bastante simple».

El señor Brudenell la miró, perplejo; las señoritas Dutton se echaron a reír, y Sophy y yo casi nos morimos de vergüenza por nuestra hermana. Ella siguió hablando.

«Vamos a tener un nuevo coche de caballos y muy probablemente un faetón».

Bien sabíamos que esto era falso, pero la pobre niña estaba encantada con la idea de convencer a los presentes de que tal cosa iba a suceder, y yo no iba a ser quien la privara de una diversión tan inofensiva. Mary siguió hablando:

«El señor Watts me va a regalar las joyas de su familia, que según tengo entendido son muy valiosas (a esto, no pude evitar susurrar a Sophy: 'Yo tengo entendido lo contrario'). No pienso ponérmelas hasta el primer baile al que vaya después de mi boda. Si la señora Dutton no pudiera ir, espero que me permitáis ser

vuestra acompañante. Naturalmente, yo llevaré a Sophy y a Georgiana».

«Eres muy amable», dijo Kitty, «y ya que te gusta tanto la idea de tomar bajo tu tutela el cuidado de jovencitas, quizá podrías convencer a la señora Edgecumbe de que te diera también la tutela de sus seis hijas, lo que, junto con tus dos hermanas y con nosotras, haría de tu debut en sociedad una entrada muy respetable».

Kitty hizo sonreír a todo el mundo, salvo a Mary, que no entendió el significado de sus palabras y respondió fríamente que a nadie le podía gustar cuidar de tantas personas. Sophy y yo intentamos entonces cambiar el tema de la conversación, pero solo lo conseguimos durante unos minutos, porque Mary se encargó de volver a llamar la atención sobre su próxima boda. Sentía lástima por mi hermana, sobre todo al darme cuenta de que el señor Brudenell parecía encantado escuchándola, e incluso la animaba con sus preguntas y sus comentarios, aunque era evidente que lo único que perseguía era reírse de ella. Me temo que la encontraba bastante ridícula. Se mantenía muy serio, pero era fácil adivinar que lo conseguía solo con gran esfuerzo. Por fin, dio muestras de estar cansado y aburrido de la ridícula conversación de ella, y volviéndose hacia nosotras, apenas le dirigió la palabra en la siguiente media hora, pasada la cual abandonó Stoneham. Tan pronto salimos de la casa, todas nos pusimos a alabar la persona y modales del señor Brudenell.

Al llegar a casa, nos encontramos con el señor Watts.

«Bien, señorita Stanhope», dijo, «verá que he venido a cortejarla como hace un verdadero amante».

«No hacía falta que me lo dijera. Sé perfectamente por qué ha venido».

Sophy y yo salimos de la habitación, imaginando que, si iba a dar comienzo una escena de cortejo, lo más apropiado era ausentarse. ¡Cuál sería nuestra sorpresa cuando nos vimos casi inmediatamente seguidas por Mary!

«¿Ya se ha acabado el cortejo?», dijo Sophy.

«¿Cortejo?», replicó Mary. «Hemos estado discutiendo. ¡Watts es tan estúpido! Espero no verle nunca más».

«Me temo que tendrás que hacerlo», dije yo, «porque cena aquí esta noche. Pero ¿por qué habéis discutido?»

«¡Solo porque le dije que había visto a un hombre mucho más guapo que él esta mañana, se puso como un loco y me llamó zorra! De modo que solo me quedé para llamarle canalla y salí de la habitación».

«Dulce y breve», dijo Sophy. «Pero, Mary, ¿cómo vas a arreglar esto?»

«Debería pedirme perdón; aunque, si lo hace, no pienso perdonarle».

«De modo que su sumisión no serviría de mucho».

Una vez nos cambiamos para la cena, volvimos a la salita, donde Mamá y el señor Watts estaban conversando íntimamente. Parece ser que él se había estado quejando sobre el comportamiento de su hija, y ella le había persuadido de que no pensara más en el asunto. Por lo tanto, el señor Watts trató a Mary con su acostumbrado civismo y, salvo por un comentario sobre el faetón y otro sobre el invernadero, la noche transcu-rrió con gran armonía y cordialidad. Watts se dispone a ir a la ciudad para acelerar los preparativos de la boda.

Tu afectuosa amiga,

G. S.

UNA BELLA DESCRIPCIÓN SOBRE LOS DISTINTOS EFECTOS QUE PRODUCE LA SENSIBILIDAD EN MENTALIDADES DIFERENTES

Acabo de salir de la habitación de Melissa, y en toda mi vida —y ya he vivido mucho y he estado al lado de muchas camas—, nunca he visto una imagen tan conmovedora como la de ella. Está con un camisón de muselina, una bata de gasa de Cambray y un gorro de dormir francés.

Sir William no se separa de su cama ni de día ni de noche. Lo único que se permite es echar una cabezadita en el sofá del salón cinco minutos cada quince días. De repente, se despierta gritando: «¡Melissa! ¡Ah, Melissa!», para volver a desplomarse, levantando el brazo izquierdo y rascándose la cabeza.

La pena de la pobre señora Burnaby no tiene límites y suspira de vez en cuando (una vez a la semana, más o menos), mientras el melancólico Charles pregunta a cada momento: «Melissa, ¿cómo estás?».

Las encantadoras hermanas dan mucha pena. Julia se lamenta constantemente de la situación de su amiga, mientras permanece tumbada sobre su almohada, sujetándole la cabeza. María, más moderada en su sufrimiento, habla de ir a la ciudad la semana que viene. Y Anna no hace más que recordar los buenos momentos que pasamos cuando Melissa estaba bien.

Yo suelo estar junto al fuego, preparando alguna exquisitez para la pobre enferma. Quizá haciendo un picadillo con los restos de un viejo pato, fundiendo queso o preparando un curry, los platos favoritos de nuestra amiga. Así estábamos esta mañana, cuando nos sorprendió la visita del Doctor Dowkins.

—Vengo a ver a Melissa —dijo—. ¿Cómo se encuentra?

—Muy débil —respondió la desfalleciente Melissa.

—Muy débil —repitió el Doctor, que le encantaban los juegos de palabras.

—Sí, ya lleva más de una semana en la cama. ¿Cómo está su apetito?

—Mal, muy mal —dijo Julia.

—Muy mal —replicó él.

—¿Y está de buen ánimo, señora?

—Su ánimo está tan decaído, Doctor, que nos vemos obligadas a darle licor a cada minuto para fortalecerla.

—Bueno, al menos su compañía la reconforta. ¿Y duerme?

—Apenas.

—E imagino que cuando lo hace, es de forma muy superficial. ¿Piensa en la muerte?

—No tiene fuerzas para pensar en nada.

—Entonces, menos aún las tiene para pensar en tener fuerzas.

EL CURA GENEROSO

Un cuento moral, que expone las ventajas de ser generoso y cura.

En una zona poco conocida del condado de Warwick, residía un clérigo muy digno. Los ingresos de su sustento, que ascendían a unas doscientas libras, y los intereses de la fortuna de su esposa, que no eran nada, resultaban suficientes para satisfacer las necesidades y deseos de una familia que no quería ni deseaba nada más allá de lo que sus ingresos les permitían. El señor Williams llevaba más de veinte años en posesión de su sustento cuando comienza esta historia, y su matrimonio, que tuvo lugar poco después de su presentación, le había convertido en padre de seis hijos maravillosos.

El mayor había sido ingresado en la Real Academia Naval de Portsmouth cuando tenía unos trece años, y desde allí había sido destinado a bordo de uno de los barcos de una pequeña flota con destino a Terranova, donde su prometedor y afable carácter le había granjeado muchos amigos entre los nativos, y desde donde enviaba regularmente a su familia un gran perro de Terranova cada mes.

El segundo, que también era varón, había sido adoptado por un clérigo vecino con la intención de educarlo y tutelarlo, lo que habría sido una circunstancia muy deseable si la fortuna del caballero hubiera estado a la altura de su generosidad, pero como no tenía nada para mantenerse a sí mismo y a una familia muy numerosa, salvo una vicaría de cincuenta libras al año, el joven Williams no sabía nada más a los 18 años que lo que le podía enseñar una escuela privada de dos peniques en el pueblo. Sin embargo, su carácter era amable, aunque su genio pudiera ser limitado, y no era adicto a ningún vicio ni había cometido nunca ninguna falta más allá de lo que su edad y situación hacían perfectamente excusable. Es cierto que en ocasiones se le había sorprendido lanzando piedras a un pato o poniendo ladrillos rotos en la cama de su benefactor, pero ese buen hombre consideraba que esos inocentes esfuerzos de ingenio eran más bien el resultado de una imaginación vivaz que de algo malo en su naturaleza, y si le imponía algún castigo por la ofensa, por lo general no era mayor que obligar al culpable a recoger las piedras o retirar los ladrillos rotos.

FIN

ODA A LA PIEDAD

A la señorita Austen, le dedico la siguiente Oda a la piedad, fruto de un profundo conocimiento de su naturaleza compasiva, de parte de su obediente y humilde servidor,

La autora

1
Siempre meditando, me deleito en recorrer
los senderos del honor y el bosque de mirtos
mientras la pálida luna derrama sus rayos
sobre el amor decepcionado.
Mientras Filomela, en el aireado espino,
canta dulce y melancólica, y el zorzal conversa con la paloma.
2.
Bajando suavemente por la carretera de peaje,
cae dulcemente ruidoso el arroyo silencioso.
La luna emerge de detrás de una nube
y lanza su rayo sobre el bosque de mirtos.
¡Ah! Entonces aparecen escenas encantadoras,
la cabaña, la choza, la gruta y la extraña capilla,
y también la abadía, un montón de ruinas,
oculta por viejos pinos que se alzan y,
completamente invisible, se asoma.

Fin del Volumen I
3 de junio de 1793.